本书获河北省社会科学基金项目资助（项目编号HB18TY008）

京津冀协同创新创业型体育人才培养研究

刘振忠 著

復旦大學出版社

序 一

推动京津冀协同发展，是党中央、国务院在新的历史条件下作出的重大战略决策部署，是一项重大国家战略，旨在整合京津冀各自的资源优势，最终打造协同创新共同体。而人才与创新是当今世界各国都在关注和研究的焦点问题，创新型人才成为经济发展和国际竞争的决定性因素。党和政府明确指出，我们已经进入创新时代，大众创业、万众创新的理念正日益深入人心，创新驱动已成为我国经济社会发展的主要驱动。一定的社会教育总是为一定的社会经济和政治所决定并为其服务，经济的发展必然推动对人才的需求。在健康中国战略上升为国家战略的背景下，体育人才越来越受到关注，创新创业型体育人才的培养也愈发紧迫。

“文章合为时而著，歌诗合为事而作。”在此背景下，刘振忠在当前国家发展的重大战略背景下结合近十几年对体育创新创业教育的系列研究成果，撰写了《京津冀协同创新创业型体育人才培养研究》，丰富了体育教育理论与方法体系。该书着眼于京津冀协同发展带来社会发展水平的全面提高及我国“大众创业”高潮下的创新创业型人才培养需求的增加，服务型、创新型、实践型、国际化、信息化的体育产业人才成为产业创新发展的支撑，不仅有利于满足市场经济对体育服务的需求，也有利于进一步加深高校与社会间的交流合作，实现优势互补。针对当前京津冀很多体育院校仍专注于学生专业技能、对创新能力的培养不足、难以满足需求的特点，本书提出了积极推动专业人才培养模式改革，探索协同创新机制下的创新创业型人才培养教学体系，并结合 2022 年北京冬奥会的重大机遇，以冰雪运动专业为例，对高校创新创业型体育人才培养的实例进行深入研究。

该书研究深入，内容丰富实用，观点鲜明，研究结论可靠，注重理论与实践创新相结合，对策建议具有较强的针对性，对京津冀协同发展创新型体育人才培养提供了参考，充分发挥了体育教育在京津冀协同发展中的基础先导作用，可为区域协同发展的科学决策提供有益帮助，也为从事区域体育教育合作的人员提供务实的指导。

创新的价值在于不断完善。希望这本书能够为京津冀协同创新创业体育人才培养提供借鉴和支撑，也希望作者再接再厉，继续深入理论探索，不断加强实践研究，进一步丰富理论体系和实践研究成果，为体育教育事业做出更大贡献。

《河北日报》 杨名静

2019 年 3 月 28 日

序 二

燕赵人地，京畿锦府。在地理学中，京津冀三地同属华北平原。而在历史上，京津冀之间渊源深厚，文脉相通。地缘近，人缘亲，交往半径相宜，优势资源互补，京津冀三地之间的携手共进，互利共赢，可谓浑然天成。得天时、地利、人和，2014 年，中央提出京津冀协同发展的重大国家战略，核心是京津冀三地作为一个整体协同发展。

体育关系着国家荣誉、国民生活、经济发展、社会文化建设；国家重视，国民喜爱，中国体育的发展腾飞蓄势待发。京津冀协同发展战略推出之后，最有国际性影响力的事件，便是 2022 年北京—张家口冬季奥运会的成功申办。体育作为推动京津冀协同发展之抓手的事实十分显性。京津冀协同发展，体育在先行。

河北省的冰雪资源十足丰富，有资料显示，张家口地区目前配置有多达 171 条、长度达 162.1 千米的雪道，2018 年雪季访问总人次多达 274.1 万，近年来一直保持着 20%以上的增速——其中来自京津冀地区的访客贡献了决定性部分的增长。国际奥委会副主席小萨马兰奇曾经评价张家口说，这里完全具备建成世界滑雪中心的条件：随着 2022 年冬奥会的举办，京张地区将很可能成为世界滑雪又一极。体育作为京津冀协同发展的抓手，冰雪又是先锋，冰雪在京津冀协同发展中必将发挥重要作用。京津冀冰雪事业，大有可为。

2015年7月31日，吉隆坡国际奥委会第128次全会传来北京—张家口申请2022年冬季奥运会举办权成功的喜讯。自2008年北京奥运会圆满落幕之后，时隔14年，奥林匹克的“雪花”将再落燕赵大地。乘着冬奥会的东风，2015年12月，经河北省教育厅批准，位于河北省省会石家庄市的河北体育学院正式成立冰雪运动系。本书作者刘振忠系冰雪运动系主任，多年体育教育与研究的心得集萃于本书，以飨读者。

中央明确指出，发展的关键在于创新。创新驱动发展，创业驱动就业。在教育体制改革的大背景下，本书从京津冀协同一体化的角度出发，结合“大众创业，万众创新”的理念，旨在以培养创业型体育人才为目标，为体育教学改革探索一条新出路。体育事业参与广度高，体育产业价值链长，在广义的体育领域中，就尤其需要更多高素质、创业创新性人才的介入。本书第八章便以深具代表性的冰雪运动专业为例，力争为创新创业型体育人才培养建立模式化、标准化的解决方案。

人才乃国家之本，科教乃人才之根。在体育范畴内，创新创业型人才培养的研究，更显得弥足珍贵。本书以京津冀协同发展为创作前提，以创新创业型体育人才为出发点和研究目的，立意与行文深具建设性、探索性、创新性。结合专业性、可读性、实用性，本书必将给业内、业外的人士带来思考和收获。

自古燕赵多豪杰。随着2022年冬奥会的临近，作为东道主，为国家输送更多体育人才，助力冬奥，同时助力后冬奥中国体育事业的发展、创新，京津冀地区当仁不让，舍我其谁。

中冰雪网　仇一凡

2019年1月17日

目 录

前言

京津冀地区是我国的“首都圈”，党和国家高度重视京津冀协同发展，并在2014年提出了京津冀协同发展的战略。北京作为首都，人口与资源的矛盾相对较为突出，人口的疏解和调控迫在眉睫。京津冀地缘相接，在文化方面一脉相承，这为其协同发展提供了良好的基础。通过京津冀协同发展，能够使得北京、天津、河北三者在经济、社会各方面相互融合、项目弥补，实现共同繁荣。

在京津冀协同发展过程中，区域产业的互补、融合也在不断深化，并且产业升级逐步加快，呈现繁荣发展的良好景象。在教育方面，京津冀教育的协同发展推动了区域教育整体水平的不断提高，同时在这一过程中也加快了城镇化发展以及劳动力的集聚。一方面，在京津冀协同发展过程中，随着产业间结构的优化升级，对于高素质人才的需求在不断增长；另一方面，劳动人口的集聚也使得京津冀的大学毕业生就业难度增加。

随着京津冀经济、社会发展水平的全面提高，人们的体育需求也快速增长，同时，在2008年北京奥运会、全民健身计划(2016—2020年)以及将要到来的2022年冬奥会的刺激下，京津冀地区的体育产业获得了快速的增长，尤其是冰雪产业迅猛发展。区域体育产业优势互补，相互促进，更进一步推动了区域体育产业的融合发展。此外，在全国范围内，随着生活水平的日益提高，人们对体育锻炼、体育娱乐与体育旅游休闲等活动的需求也在不断增长，这为体育产业发展提供了长足的发展空间。

在这一发展现状和发展趋势下，体育产业对于创新创业型体育人才的需求在快速增长，具有创新创业才能的人才必然是大有可为。然而，现阶段体育院校对于创新创业型体育人才的培养略显不足，难以满足社会发展的需求。在这一教育现状下，有必要大胆革新，积极推动专业人才培养模式改革，探索建立协同创新机制下的创新创业型人才培养教学体系。“知难行易。”当今，国内之所以在教育理念与教学观念等方面还存在严重的“物本位”倾向，乃是因为主观反思不深，经验主义作怪，思想更新不够，缺乏发展眼光，没有完全遵照产业结构调整与市场行业发展需求优化思想观念等。只有完善现行的教育制度，构建和谐的教育运行机制，才能保障创新创业型体育人才培养核心价值体系的构建，才能使协同培养的操作方式得以有效实施。为此，笔者结合近十几年以来围绕体育创新创业教育的系统研究，从协同创新视角撰写了这本《京津冀协同发展创新创业型体育人才培养研究》一书。

本书以和谐教育理论为指导，围绕创新创业型体育人才，展开教育理念、培养模式和路径构建的分析，并着眼 2022 年北京—张家口冬奥会人才需求，采取“分解—整合”的研究策略，多角度、全方位地对创新创业型体育人才的培养展开了深入而具体的研究，探讨了京津冀协同机制下的创新创业型体育人才培养的规划、保障和战略及培养机制，落脚于冰雪运动创新创业型体育人才培养的实例，形成一个完整的创新创业型体育人才培养的研究体系。全书共分为八章，第一章主要就京津冀系统发展的背景进行了全面分析，第二章对创新型国家建设与创新型人才培养的相关理论进行了探讨，第三章对“大众创业”高潮下的创业型人才培养进行了多方面的解析，第四章至第八章对创新创业型体育人才培养进行了全面探讨，包括高校创新创业型体育人才分析及其规划、高等体育院校与创新创业型体育人才培养、高校创新创业型体育人才培养保障机制的构建、高校创新创业型体育人才战略趋势研究、高校创新创业型体育人才培养的实例研究。

综合来看，本书立足于京津冀体育产业发展的现状，针对创新创业型体育人才的培养进行建设性的理论创新,倡导构建区域联合下的“政府主导、高校协作、市场定位”三位一体的协同创新体育产业经营运行模式,构建资源共享的“核心理念、目标定位、素质要求、模式选择”相和谐的四位一体的协同创新体育人才培养模式,构建根植于社会、服务于区域经济建设的创新创业实训实践活动体系,这在京津冀教育协同创新发展趋势下,对深化体育教育教学模式改革,加快高素质创业型人才培养,具有一定的指导意义。

本书为2018年河北省社会科学基金项目,项目编号HB18TY008,并得到河北省人才培养工程资助。在撰写本书过程中,前人的著作和研究成果为作者提供了启发和参考,在此表示感谢。书中如有不当之处,恳请读者指正。

第一章 京津冀协同发展背景分析

京津冀三地在中国经济、社会发展中具有重要的战略地位和独特的引领作用。近年来，京津冀三地不断加强优势互补，区域协同合作逐渐深化，取得了令人瞩目的发展成果，未来这种协同发展趋势还会进一步增强，并呈现出与众不同的发展格局。本章主要对京津冀协同发展背景进行分析，涉及的主要内容有京津冀区域发展现状与问题、京津冀协同发展战略的提出及其具体内容、京津冀体育产业结构演化与经济增长的关系以及京津冀体育产业协同发展对外“体育窗口”建设与人才需求。

第一节 京津冀区域发展现状与问题

一、京津冀经济发展现状与问题

近年来，京津冀三地之间的合作不断加深，区域深度合作趋势进一步加强，继而带动经济持续、稳定增长，经济运行质量达到了一个较高的水平。随着全国经济发展新常态的形成，京津冀区域经济逐渐呈现出中高速的增长态势，而非像往常一样高速增长，同时经济增长模式也产生了变化，质量效率型集约增长模式正逐渐取代规模速度型粗放增长模式。这种经济发展模式的转变和经济结构的不断调整与优化直接带动了京津冀区域经济的协调发展。下面对京津冀地区的经济发展现状与问题进行概括性总结与分析。

(一) 经济规模

京津冀地区地理位置优越,资源丰富,交通便利,产业基础水平高,依托这些有利的优势与条件,京津冀地区逐渐发展成为我国北方最大的都市经济区。2015年,京津冀三地的生产总值达69 312.9亿元,占全国生产总值的10.2%。目前,我国区域经济主要有三大增长极,分别是京津冀地区、长三角地区和珠三角地区,可见京津冀在我国经济系统中占据着非常重要的地位。

2018年,京津冀三地生产总值合计约8.5万亿元。其中,北京地区生产总值为30 320亿元,按可比价格计算,比上年增长6.6%;天津地区生产总值为18 809.6亿元,增长3.6%;河北地区生产总值为36 010.3亿元,增长6.6%。

2010年至今,京津冀地区经济呈现出良好的发展态势,建设速度平稳增长,区域GDP始终保持在11%左右,在全国GDP中所占比重也比较稳定。从经济增长速度来看,京津冀地区近年来始终保持在7%以上,经济总量和人均GDP也平稳提升。此外,京津冀区域联合发展进程不断加快,协作创新趋势越来越明显,这一点在区域基础设施建设、区域资源与市场开发整合、区域产业结构优化升级等方面得以体现。京津冀三地虽然经济增长速度平稳,运行质量也逐渐提升,但一个现象需要引起注意,那就是区域经济增长速度出现了缓慢降低。衡量一个国家或区域的经济发展水平时,重点参考的一个指标是人均GDP,地区和国家的生产力水平能够从该地区或国家的人均GDP中直接反映出来。2010年以来,京津冀地区人均GDP在逐年上升,其与全国人均GDP相比是较高的,这说明京津冀地区的人均生产力高于全国水平。然而,京津冀地区人均GDP的优势在逐渐减弱,2004年,京津冀地区人均GDP高出全国42%,而到2014年,高出全国的数值下降到30%。

京津冀三地的自然禀赋并不是等同的，它们之间存在着巨大的差异，而且产业基础也各有自己的特色，这直接导致京津冀三地经济发展不平衡，差异显著。这从三省市经济总量的差异上就能够反映出来。据相关调查统计，在京津冀全区域经济总量中，京津两大城市占到一半以上。此外，京津冀三地的人均GDP也存在着显著的差异，尤其是河北地区人均GDP与京津两市的人均GDP存在着较大的差距，甚至比全国人均GDP水平还低。2016年，北京与天津的人均GDP分别为52 530元、34 074元，在全国分别排在第二和第四，而河北省人均GDP在全国范围内排名则比较靠后。

从经济增速来看，2010年以来，京津冀三地的GDP增长率均有所下降。相比而言，天津的经济增长速度较快，在京津冀区域经济结构中，天津所占的比重将不断增加。近年来，北京出现了经济发展新常态，而且十分明显，这主要体现在其所确立的产业结构以服务业为主，需求结构以消费为主，将科技创新、文化创新作为本市发展的新驱动力。目前来看，北京已经进入了经济增速换挡期，而天津和河北还未出现新常态。

（二）产业结构

"十二五"规划以来，京津冀地区的产业结构呈现出了新的变化，主要表现在第三产业的比重逐渐增加，第一、二产业的比重稍有减少，但总体结构变动不明显，三大产业结构所占的比重相对比较稳定。第二产业的比重始终保持在40%以上，可见在区域经济中第二产业的地位是非常重要且不可动摇。第三产业的比重在50%以上。由此可见区域产业结构有了一定的调整，且进入了新的升级阶段。京津冀地区的产业结构正在逐步向服务主导型过渡，工业主导型的传统结构模式正逐步被替代，可见该地区对发展服务业十分重视，而第一产业的退出进程相对较为缓慢。与全国三大产业的比重相比，京津冀地区第一产业比重低于全国；第二产业比重也较低，但正在逐步缩小差距；第三产业比重则要比全国水平高，服务业在京津冀地区是非常受重视的产业。

苏浙沪地区和广东地区经济都很发达，与这两个地区相比，京津冀地区工业占比较低，交通运输、仓储和邮政业以及金融业占比稍高，整体呈现出了服务化特征。具体来说，天津、河北工业占比较高，北京更具产业服务化。

京津冀三地在发展三大产业时各有侧重，这从第一、二、三产业对经济发展所做的贡献度得以体现。近年来，京津冀三地第一、二、三产业增加值在京津冀地区所占的比例数据不同，第一产业增加值在区域中所占比例最多的是河北省；第二产业增加值在区域中所占比重最多的也是河北省，其次是天津；而北京的第三产业增加值在区域中所占比重最大。河北第一产业基础雄厚，天津则以第二产业为主导产业，同时注重第三产业的发展，而北京则重点发展第三产业服务业。

通过对京津冀三地的主要行业区位商进行计算发现，三地主导产业的差异很明显，但错位发展趋势也很突出，具体分析如下。

北京服务业有明显的集聚优势，表现最为突出的有租赁与商务服务业以及计算机软硬件与信息传输行业，此外，餐饮住宿、批发零售、仓储邮政等服务行业的区位商优势明显，这说明北京已经建立了较为完备的服务业体系，且表现出了明显的知识型和服务型特征。

天津市比较优势最明显的产业主要是居民服务和其他服务业，此外，区位商超过 1.5 的行业还有科学研究、技术服务和地质勘查业，这表明，虽然天津的产业结构在慢慢倾斜于服务业，但仍然很重视制造业的发展。

河北省具有明显的比较优势的产业主要是金融、采矿、卫生、教育和社会保障服务业，环境、水利和公共设施管理业也具有一定竞争力。目前，河北省的支柱产业依旧是能源导向的产业，随着产业结构的调整与优化，公共服务业、生产性服务业的发展也越来越受到重视，而生活性服务业的发展水平却远远不及北京和天津。①

---

① 母爱英，李廷湘，卢燕. 津冀区域产业协作创新机制研究[J]. 河北学刊，2008(01)：217—220.

二、京津冀社会发展现状与问题

近年来，京津冀地区在社会发展方面取得了丰硕的成果，这主要从以下几个方面体现出来。

(1) 京津冀地区的科学研究与技术创新水平得到了大幅度的提升，在推动区域产业结构优化升级和促进经济持续健康发展方面发挥了重要作用。

(2) 京津冀地区的教育事业发展稳定，基础教育水平有了一定的提高，高等教育的发展质量也在不断优化。

(3) 文化艺术事业呈现出一片繁荣的景象，文化艺术产业化进程在不断加快。

(4) 医疗卫生事业也有了一定程度的发展，基层医疗服务系统在不断更新与完善。

(5) 社会保障工作全面实施，基本建立了多层次的社会保障体系框架。

虽然京津冀地区的各项社会事业在近些年有了很大的进步，但仍然存在一些不容忽视的问题，如内部发展不均衡，各地社会公共服务水平存在差距，优质公共资源较少，还未实现全区域共享等。这些问题对京津冀地区社会事业的发展形成了严重的制约。

下面具体从教育、医疗卫生及社会保障三个方面对京津冀地区社会发展的现状与问题进行分析。

(一) 教育事业

京津冀地区的教育资源不仅丰富，而且质量较高。“十二五”规划以来，京津冀地区在坚持教育公平和教育发展并重原则的基础上发展教育事业，促进了本地区教育工作的有序开展。京津冀地区不仅基础教育能力很强，而且职业教育发展情况也比较好，该地区有关部门很重视这方面的投入。此外，民办教育与公办教育的发展几乎是同步的，而且发展速度也很快，高等教育更是在向多样化、特色化的趋势发展。整体上来说，教育结构日趋合理。

京津冀地区的高等教育事业发展迅速，而且发展质量很高，在全国范围内都是出类拔萃的。据统计，截至目前，京津冀地区共有260多所普通高校和220多万在校大学生，普通高校的数量在全国所占的比例超过一成，在校学生数在全国所占的比例接近一成。北京在研究生教育方面具有很明显的优势，全市共有136所研究生教育机构，在全国占到17.3%，而且是河北研究生教育机构数量的5倍多。全国研究生中，有接近两成的研究生分布在京津冀地区。

京津冀地区非常注重基础教育，近年来始终都在加强贯彻九年义务教育政策，并开始广泛实施教育均等化战略，对教育机构进行精简，同时加大了对教育教学的改革力度。从学校数量与在校学生数量来看，近些年京津冀地区在一定程度上缩减了各级学校的数量，但在校学生的规模依然呈上升态势。

整体来看，京津冀地区教育事业的发展水平较高，发展态势良好，但也存在明显的问题，最突出的就是教育资源的内部分配不均衡。具体来看，北京、天津在高等教育与研究生教育方面具有明显的优势，而河北省在这两个方面不具备突出的优势，其在发展教育事业的过程中，重点以基础教育为主。京津冀地区高等教育资源的不均衡直接造成了人才分布的不均衡，因为人才大多流向了资源多的地区，因此地区间存在着显著的差异，这也是河北省缺乏高技术人才的主要原因，这一问题对河北的产业发展造成了严重的制约，并导致了区域内部经济与社会发展不均衡问题的产生。此外，虽然京津冀地区的教育结构较为合理，但还存在很大的优化空间，这主要表现在，相对于基础教育而言，学前教育、职业教育、特殊教育的发展都比较落后，难以满足一些居民群体的教育需求。

（二）医疗卫生

京津冀地区拥有丰富的医疗资源，与其他地区相比而言，该地区医疗卫生的发展水平是较高的，很多知名的综合医院与专科医院都分布在这一区域，而且这些医院在国内外都是居于领先水平的。"十二五"规划以来，我国深入改革医疗体制，京津冀地区在这一背景下进一步扩大公共卫生服务的覆盖面，并努力提升医疗服务和保障水平，初步建成了社区卫生服务体系，区域内的优质医疗卫生资源也在良性转移与合理流动。

截至目前，京津冀地区共有 2 300 多家医院，其中有 1 400 多家综合医院、360 多家中医医院和 450 多家专科医院，不管是总的医院数量还是不同类型医院的数量，都较"十二五"规划初期有了很大提高。从区域内部来看，河北省的医院数量要比天津和北京多，天津的医院数量最少。从医疗卫生机构床位数指标看，近几年京津冀地区医院、社区卫生服务中心、乡镇卫生院的床位数量都在持续不断增加。

总体来看，京津冀地区的医疗卫生条件在不断改善，医疗卫生服务能力在逐步提高，但仍存在一些显著的问题，如区域内部医疗资源分配不均衡等。这种不均衡主要表现在两个方面：一是京津冀三地的医疗资源分配不均；二是本地区城乡医疗资源分布不均。先看第一点，与京津地区人均医疗资源拥有量相比，河北省严重不足，尤其缺乏优质医疗资源，而河北省的常住人口远远超过京津地区，这就难以使广大人民群众的治病需求得到满足；再看第二点，京津冀地区城市每千人拥有执业（助理）医师的数量、拥有医疗卫生机构床位的数量都远远多于农村。

（三）社会保障

随着社会的持续进步与经济的快速发展，京津冀地区的社会保障体系逐步形成并日趋完善，该地区对于促进区域社会的和谐稳定、保障城乡居民的合法利益具有非常重要的作用。

"十二五"规划以来，京津冀地区大力开展社会保险扩面征缴工作，并取得了一定的成效，如扩大了社会保障覆盖面，促进了各类社会保险参保人数的增加，尤其是生育保险与养老保险参保人数的增加。同时，京津冀地区各项社会保险基金的收支规模在近几年也在持续扩大，五项社会保险基金的总收入和总支出规模都有显著的提升。

京津冀地区社会保障事业在快速发展的同时也存在着明显的问题，区域内部差异尤其是社保标准差异、征缴体制差异等问题十分突出，这主要是由京津冀三地经济发展不均衡造成的。“十二五”期间，三地在促进区域公共服务均等化水平提高方面做了很多的工作，尤为注重均衡配置优质公共服务资源及加快社会保障事业的协作发展进程。目前，京津冀三地积极推进实现养老保险制度名称、政策标准、信息系统和经办服务的统一，详细制定本地养老保险跨区域转移操作程序，推动发行了与全国统一标准相匹配的社会保障卡，为实现区域社会保障一卡通奠定了基础。

第二节 京津冀协同发展战略的提出及其具体内容

一、京津冀协同发展战略的提出

京津冀地区间交流合作的开端是在《京津唐地区国土规划纲要研究》编制之后，时间为 20 世纪 80 年代中期。1986 年，环渤海经济区概念被提出后，京津冀都市圈经济合作正式开始走向实质性阶段。2004 年年初国家发改委举办召开的京津冀地区经济发展战略研讨会上提出，应在坚持市场主导、政府推动的原则下发展京津冀地区的经济，并强调“平等互利、优势互补、统筹协调、多元发展”的发展理念。在这一会议的影响下，京津冀地区良性互动与竞争合作的区域发展格局逐步形成。2006 年，国家提出的“十一五”规划中有关于京津冀发展问题的规划。2012 年，国家发改委又开始组织首都经济圈的区域规划。我国“十二五”规划纲要出台后，明确提出要对首都经济圈进行建设。《河北省沿海发展战略》《燕山—太行山片区区域发展与扶贫攻坚规划(2011—2020 年)》相继被纳入“十二五”规划中，这些战略与规划的实施迫切要求从宏观上对整个京津冀区域的协作发展进行统筹规划。为此，国家发改委在京津冀各方提出的首都经济圈发展规划基础上进行汇总和融合。首都经济圈规划重点以首都核心职能与非核心职能的布局思路为中心进行统筹考虑,并在此基础上提出了京津冀三地在交通、产业、电力能源、公共服务等方面协同合作的过程中需注意的问题。

2013 年 8 月,习近平在北戴河主持研究河北发展问题时再次提出要推动京津冀协同发展。2014 年 2 月,京津冀三地协同发展座谈会由习近平主持召开。该会议提出,京津冀三地应打破狭隘的行政区划观念,摆脱传统的思维定式,应加强协同发展,从而打造新的首都经济圈,并进一步推动区域发展体制的创新。会议还强调这是一个重大国家战略,必须严格实施起来。2014 年 3 月,国家政府工作报告中写入了有关“加强环渤海及京津冀地区经济协作”的内容。

《京津冀协同发展规划纲要》于 2015 年 4 月 30 日正式通过。纲要指出,京津冀协同发展是我国的一个重要战略,对北京非首都功能进行有序疏解,在京津冀重点领域(产业升级转移、交通一体化、生态环境保护)率先取得突破是该规划的核心内容。可以说,我国已基本完成了京津冀协同发展的顶层设计,明确了实施这一战略的总体方针。

二、京津冀协同发展战略内容解读

京津冀协同发展战略涉及多方面的内容,下面主要就该战略的目标、核心进行分析。

(一) 京津冀协同发展战略的目标规划

京津冀协同发展规划的制定既考虑了未来发展要求,又着眼现实问题,目标规划呈现由近到远,内容要求点面结合,阶梯上升。

1. 近期目标规划是搭建起基本的协同发展运行机制

到 2017 年,有序疏解北京非首都功能上获取效果,在符合协同发展目标的前提下，率先在共识基础上以及现实急需且条件具备的生态环境保护、产业升级转移、交通一体化等领域获得有效突破，同时有序推进改革创新、试点示范等工作，基本建立起协同发展运行机制。

2. 中期目标规划是逐步形成协同发展、互利共赢局面

到 2020 年，实现北京市常住人口 2 300 万人以内，有效缓解北京"大城市病"等突出问题；改善生态环境质量，初步形成区域交通网络一体化，产业联动默契配合，公共服务共建共享，通过这种协同发展机制的良性运转，最大限度地缩小区域内发展差距，初步形成京津冀协同发展、互利共赢的新局面。

3. 远期目标规划是建设成为引领全国经济发展建设的示范区域

到 2030 年，在优化完成首都核心功能的基础上基本建立和形成京津冀区域协作创新格局，获取令人满意的生态环境质量，区域经济结构趋于合理完善，公共服务水平大幅度提升并实现共享。京津冀将成为具有国际竞争力和较大影响力的重要区域，在全国经济建设发展中发挥更大的价值，并起到引领示范作用。①

(二) 京津冀协同发展战略的核心定位

对北京非首都功能进行有序疏解，重点疏解对象包括：

(1) 一般性产业，尤其是高消耗产业。

(2) 一部分第三产业(包括区域性物流基地、区域性专业市场等)。

(3) 一部分社会公共服务功能(包括教育、培训、医疗等)。

(4) 一部分行政性、事业性服务机构和企业总部等。

---

① 宗文. 京津冀协同发展规划明晰　三省市明确功能定位[J]. 港口经济，2015(09)：17—18.

第三节 "京津冀都市圈"体育产业结构演化与经济增长的耦合关联研究

一、京津冀体育产业结构的演化历程

(一) 形成阶段(1840—1948年)

1840—1948年,中国经历了长期的战乱纷争,这对经济的发展造成了严重的制约。然而在这一时期,西方文化日渐入侵我国,体育文化也成为帝国主义对我国进行侵略的一种工具。这一时期进入我国的西方体育项目主要有室内保龄球、手球、高尔夫、棒球等,相应的体育场地、器材和组织也逐渐出现,如天津英租界体育场建设于1920年;天津体育用品厂开始生产篮球、足球,并将其投向市场;北京商务印书馆成立了体育用品制造厂,并开始出版有关体育教育的书籍。在此基础上,体育表演业、体育用品业得到了一定程度的发展,这些产业的发展标志着京津冀体育产业市场的形成。

(二) 困惑阶段(1949—1978年)

新中国成立后,计划经济体制得到了全面实施,社会主义公有制导致我国发展体育产业所需的资金只能来源于财政拨款,政府先将资源集中起来,然后统一向各地分配。在"举国体制"下,新建体育场馆数量有了一定程度的增加。1957年,天津足球队正式成立,为我国体育人才的培养做出了一定的贡献。这些都为京津冀体育产业的发展提供了强大的推动力。然而,当时我国产业结构单一,重点发展第一产业,体育产业没有受到重视,生存空间狭小。"文化大革命"爆发后,我国各项产业都遭到了重大的打击,京津冀体育产业的发展也陷入了停滞与困惑阶段。

(三) 探索发展阶段(1979—2000 年)

改革开放后,国家全面改革经济体制,经济所有制结构呈现出多元化的特征,较为完整的工业体系和国民经济体系逐渐形成,市场资源在市场机制的调节下得到了优化配置,这些都促进了京津冀产业结构的优化,使该地区第二、三产业得到了一定程度的发展,因此体育经营性活动也逐渐启动起来。此外,体育有形资产的开发受到了国家及政府的重视,京津两地的竞技体育产业也得到了相应发展。1984 年开始,健身娱乐、体育培训等体育经营性项目在京津冀地区逐渐出现,但社会需求比较低。后来随着国家对产业结构的调整,京津冀地区体育产业结构也日趋多元化。1994 年开始,体育彩票业在该区域发行,且销售额持续增长,这对京津冀体育产业结构的优化具有积极的影响。

(四) 快速发展阶段(2001 年至今)

北京于 2001 年成功申办奥运会,这为北京体育产业的发展带来了重要的契机,体育健身企业、相关从业人员的数量都有了一定的增长,体育产业发展初具规模。天津是北京奥运会的协办城市,“迎奥运,健身热”的热潮为天津市休闲体育产业的发展提供了关键性的机遇。从 2001 年正式启动规划编制工作以来,河北省借助京津地区的资源优势,对技术、信息和市场等产业要素进行了充分挖掘,并与京津地区共同签署《体育产业合作协议》。此后,京津冀在体育产业合作上越来越全面,层次也越来越深,这对河北省“环京津冀体育产业圈”的形成带来了积极的影响。

二、京津冀体育产业结构演化与经济增长的内在关系分析

(一) 经济增长引起京津冀体育产业结构的变动

经济增长会影响需求结构的变化,而这方面的变化也必然会引起产业结

构的变动。随着京津冀地区经济的不断发展，本区域人民群众的收入大幅增加，因而消费需求结构就会发生一些变化，而这些变化又会引起本区域产业结构的变动。具体而言，经济增长会导致农业比重下降，会推动工业化进一步发展，而工业化发展到一定阶段后，人民群众对第三产业相关产品的需求就会不断增多，这时第三产业的发展就会受到重视，比重也就会相应提升，这时作为第三产业重要内容的体育产业也会获得相应的发展，而人民群众体育需求结构的变化、生产要素的分布与流动等又会引起体育产业内部结构的变化。

（二）京津冀体育产业结构演化对经济增长的意义

1. 促进资源优化配置

京津冀地区体育产品供求结构的不平衡是由该地区消费需求结构变化引起的，这时，有关部门会及时调整体育产业结构，对稀缺资源进行重新配置，对产出效益更高的体育产业部门会配置较多的资源，从而促进单位资源产出效益的提高，这就在一定程度上推动了经济的增长。换言之，虽然经济增长离不开资源的投入，但产业结构的状态主要决定了其投入的效率。

2. 主导产业的更替是经济增长的主导力量

经济发展的实践证明，哪一部门越先使用新技术，该部门就越先实现经济增长。体育产业中，一些部门采用新技术后，生产效率就会提高，因而有关生产要素就会流向该部门，随着社会的进步和技术的创新，该产业部门综合体系就会慢慢发展成为主导产业，并从多个方面来促进经济的增长。体育产业中的主导产业并非一成不变，随着社会需求结构的变化，主导产业也会不断变化，新主导产业替代原先主导产业的情况随时都有可能发生，成为主导产业的部门会以更新的技术促进经济的增长。

（三）京津冀体育产业结构发展水平与经济发展水平相对应

社会经济发展的实践表明，体育产业结构的发展水平与经济发展水平是成正比的,经济发展越好,体育产业结构发展水平也就越高。一定时期内的体育产业结构应符合一定历史发展阶段的基本情况,不同的经济发展水平对应不同的经济结构,这是产业结构演变与经济发展关系的一般规律。但经济总量增长到一定程度后,产业结构必然会发生相应的变动。因此,京津冀地区必须与本区域的经济发展水平相结合来优化区域体育产业结构,如果与经济发展客观规律相违背,将不可能实现体育产业结构的优化升级,反而还会制约体育产业的发展,从而制约经济的增长。

第四节 京津冀体育产业协同发展对外“体育窗口”建设

一、京津冀体育产业协同发展对外“体育窗口”建设的战略分析

随着经济全球化和市场化发展进程的不断加快,各方面的经济要素快速而频繁地在各地区之间流动,区域之间的经济依存关系更加明显,相互间的互动效应逐步提高,这对促进区域经济的迅速发展产生了极大的影响。在现实发展中,京津冀三地很难独立地承担更大区域范围内的经济竞争,采取协同发展战略势在必行。京津是京津冀地区的核心,河北是京津地区经济发展的延伸,京津地区产业转移的目的地主要就是河北。三地有不同的功能定位和分工,但在经济、社会、资源、环境等诸方面都有密切的合作关系,只有协调发展,才能使区域内各地区发展的共赢目标得以实现,也才能更好地建设体育窗口,并发挥该窗口的作用。

(一) 京津冀体育产业协同发展的基本思路

1. 建立区域经济协同发展共同体,在激烈竞争与合作环境中实现共赢目标

对国内外区域经济发展实践的调查显示,只有区域内各地区之间合理分

工，并加强合作，才能最大化地获得区域经济效益。京津冀地区在发展体育产业方面拥有一定的区位优势和产业合作基础优势，三地应依托这些优势，密切合作，携手共进，以此来促进本地区体育产业综合竞争力的提升。促进体育产业结构优化升级、全面参与全球化竞争、逐步提升本区域产业竞争力是当前京津冀三地共同面临的任务。为此，京津要放下直辖市“身段”，加强与河北合作，河北也要把眼界放大，视野放宽，以广博的胸怀与京津两地密切合作。京津冀区域内各地区要摒弃传统的行政区自我观念，推进区域经济共同体建设，为体育产业合作建设提供良好的环境与平台，促使区域体育产业逐步实现共同发展。

2. 各地区要充分发挥自身的比较优势，促进产业结构的优化升级

在京津冀区域的经济发展过程中，各方面经济要素在空间分布上表现出了不均衡的问题，不同地区之间既是竞争对手关系，也是互助补充关系。京津冀三地要依托自身的比较优势，以全面发展为依据，加大特色产业开发，并以此为基础共同促进本区域体育产业结构的升级。

(1) 北京要重点对高端体育产业进行开发与培育，促进体育健身娱乐业、体育赛事产业等支柱产业的进一步提升，对有良好发展前景的体育旅游产业、体育中介产业进行积极开发。

(2) 天津要对体育产业结构进行合理调整，将体育竞赛表演业、体育健身休闲业、体育技能培训业、体育中介业等产业作为重点，狠抓起来。

(3) 河北各市应以自身具备的资源优势和产业基础为立足点，积极打造特色产业，重点打造体育彩票业、体育竞赛表演业、体育健身娱乐业等体育产业。

(二) 京津冀体育产业协同发展的原则

京津冀区域内各地在展开体育产业合作的过程中，必须对一些基本的原则严格加以遵循，否则无法通过协同发展实现共同发展的目标，也难以对体

育窗口进行建设,提升本区域的影响力。京津冀各地在体育产业协同发展方面需贯彻的原则有以下几点。

1. 市场主导原则

市场机制是区域内各地协同发展的主要调节机制,因此应充分发挥市场的主导作用,同时要在政府的宏观调控下展开协作与竞争,从而促进市场秩序的稳定与健康。

2. 优势互补原则

京津冀地区内各地在体育产业分工过程中,应严格按照比较利益的原则,让体育要素在区域内合理流动,积极开展商品贸易活动,这样才能实现优势互补,才能使区域共同发展的目标得以实现。

3. 互利互惠原则

京津冀三地在协同发展体育产业的过程中,应对各地利益进行充分考虑,尽可能兼顾各方利益,这样才能产生一定的聚集效应和累积效应,也才能使互利共赢的目标顺利达成。

4. 系统协调原则

区域发展是一个整体性发展问题,需要制定一个系统的区域发展规划,对统一的协调机制、制度和机构进行构建与完善,从而促进京津冀区域经济协作创新发展进程的不断加快。

(三) 京津冀体育产业协同发展,共建“体育窗口”的对策

1. 加强区域整合,形成集群优势

目前,京津冀区域内虽然形成了体育产业集群,但事实上各地区的产业集群基本上依然是独立的,彼此之间的联系并不密切,存在主体企业与配套

企业之间不够协调、市场竞争力也比较弱的现象。为此，京津冀区域内的各级政府要加强沟通协调，密切配合，从整体上科学引导体育产业集群的完善与壮大，制定扶持体育产业集群发展的政策，加强对优良产业环境的建设，从而使体育产业集群又好又快又健康地发展。只有这样，京津冀体育产业的生命力才会增强，发展势头才能更猛。此外，该区域还要注意加强创新，促进体育产业链的形成，并在这一基础上促进京津冀地区优势体育产业集群的发展。

2. 发挥“区位优势”，确立各地区的主导产业

“抓住重点、统筹兼顾、发挥优势、形成支柱”是京津冀地区在发展体育产业方面的重要指导原则。有关政府应坚持这一原则，更新发展观，以各地优势为依据确定各自的主导产业，并注重合理分工与科学布局。[①]

(1) 北京在科技、经济、人才、市场等方面的优势很突出，应加强对高端体育产业的开发与培育，这也有利于将北京打造成为宜居城市。

(2) 天津要积极与北京展开合作，在共赢目标的驱动下对自身优势进行充分挖掘，与北京优势互补，实现错位发展。

(3) 河北自然资源丰富，劳动力较多，这是其发展体育产业的优势所在。依托这些优势，河北地区应重点发展体育配套产业，同时主动与京津进行人才与技术等方面的沟通与交流，从而进一步优化本地区体育产业结构。

3. 培育人才市场，促进体育产业人才水平的提高

社会发展以及区域经济发展都离不开人力资源这一根本动力要素。在区域产业合作发展建设中，要充分发挥高素质人才的作用，也只有将人才的主观能动性发挥到极致，才能确保生产力和科研水平的不断提升，最终实现区域经济的快速发展。京津冀区域聚集着一批高素质的体育人才，但这些人才并不是均衡分布在各地，京津城区的体育人才要远远多于河北地区，这是

---

① 冯文. 京津冀体育产业合作发展研究[D]. 北京：首都体育学院，2012.

制约京津冀体育产业协调发展的主要因素。所以,对京津冀体育人才市场进行有效整合与科学培育,这对促进体育产业人才素养的不断提高是很有必要的。

很多学者都认为,培养体育产业人才、促进体育人才素质不断提高的最好的途径就是构建与实施“产学研教”协作的区域人才培养模式。“产学研教”协作具体是指在区域协同发展的背景下,区域内各地的研发机构、高等院校与企业积极展开合作,这样各方的合作机会也会不断增加。各高校应积极进行知识交流;各研发机构和企业之间应进行技术交流,侧重加强在知识生产方面的合作交流;高校和研发机构重点交流的是知识的实践;高校和企业之间主要是针对知识运用方面的问题展开交流。培养体育人才必须注重各相关单位之间的合作与交流,运用这一模式能够对不同领域的体育人才进行培养,如体育营销人才、体育研发人才、体育赛事经营管理人才等。

二、京津冀地区协同建设“体育窗口”的案例——申办冬奥会

(一) 2022年冬奥会申办成功对京津冀体育产业协同发展及“体育窗口”建设的意义

迄今为止,北京将成为世界上第一个既举办过夏季奥运会又将举办冬季奥运会的城市,因此受到了全世界的关注。我国在推动京津冀协同发展战略的同时,京张联合起来成功申奥,这无疑将会进一步促进京津冀区域协作进程的加快。冬季奥运会的举办对京津冀地区基础设施、交通建设、环境状况等都提出了很高的要求。未来几年为京津冀地区建设进行投资的企业将越来越多。

体育旅游协同是京津冀体育产业协同发展的一个重要方面。依托体育旅游业,京津冀地区能够建立本地的体育窗口,并借助这一窗口吸引更多的体育爱好者与旅游爱好者,从而促进本区域体育旅游业的进一步发展。举办

2022年冬奥会也是京津冀地区的一个重要体育窗口。该窗口作用的充分发挥能够进一步推动北京、天津和河北地区体育旅游的协同发展，具体表现在以下几点。

（1）冬奥会将为北京和张家口市民了解冰雪运动提供良好的机会。这两地人民群众参与冰雪运动的积极性将会进一步提高，这有利于促进京津冀地区冰雪体育产业、体育旅游业等相关体育产业的发展，同时也有利于京张体育文化旅游带的形成。这次冬奥会举办后，举办地还有可能成为世界冰雪体育旅游胜地，这对我国体育旅游业和冰雪产业的发展将会有很大的帮助。

（2）冬奥会的举办要求构建区域一体化交通设施体系。该体系的交通渠道包括航空、铁路、高速，这对京津冀交通一体化的实现有积极的影响。一体化交通设施体系的形成也为京津冀各地体育产业的协同发展提供了很大的便利。

（3）冬奥会的举办有利于向国际推广京津冀协同发展的理念。对该理念的宣传，再加上旅游协同战略的实施，将有利于促进京津冀整体经济实力的增强和国际化发展速度的提升。

（4）冬奥会申办成功对河北省的积极影响是很明显的，张家口借此契机可以争取国家投资和许多项目，这对河北基础设施建设、体育旅游产业发展、产业结构调整与优化具有积极的意义。此外，2022年冬奥会是北京和张家口联合申办成功的，所以河北省可以借助这一机会与北京共同促进京津冀协同发展机制的完善，共同制定京津冀体育旅游协同发展规划，并通过协同合作来对独具特色的核心体育旅游产品进行开发与设计。这不管是对河北省本地的发展还是对京津冀区域的整体发展，都有促进性影响。

（二）京津冀地区借助冬奥会契机建设体育窗口应注意的两个问题

虽然现在距离2022年冬奥会的举办还有三年时间，但“奥运经济”所产生的影响和效应已经很明显了。在奥运经济的影响下，张家口的知名度和影响力不断提高，与北京的联系也越来越密切。但京津冀不管是举办冬奥会还是促进体育旅游的协同发展，都必须注意以下两个问题。

1. 完善交通网络

区域经济的发展与交通条件密切相关。对于将要举办冬奥会的城市来说，完善交通系统更是需要重点解决的问题。京津冀地区想要突破地域限制，为实现相互融合、协同发展创造更好的条件与环境，就需要从交通着手，使人口的迁徙需求得到满足。现阶段，京津冀地区旅游交通协调和衔接性不够好，交通市场化发育度较低，旅游交通网络体系还不够完善，所以还未形成统筹协调的旅游交通体系，而这也是有关部门需要重点考虑的问题。

此外，京津冀地区还存在一个重要的问题，即重点景区间道路建设滞后，部分路段堵车现象严重，道路质量较差，交通便捷度不够，难以使现代旅游交通需求得到充分满足，这也对京津冀体育旅游业的整体发展和三地的协调发展造成了严重的制约。对此，京津冀三地应借助冬奥会的契机，加强构建区域一体化交通体系，促进本区域现代交通网络的完善，以使现代旅游业的发展需求得到最大化满足。此外，北京、天津和河北还可以联合开通京津至河北主要旅游景点的旅游专车，在旅游旺季增加旅游列车或坐席，促进本区域体育旅游直通车网络体系的形成。

2. 均衡发展

北京已经举办过一届夏季奥运会，所以现有的各类型场馆与世界标准是相符的，而且也积累了一定的赛事举办经验。崇礼的冰雪条件虽然比较好，但其国际知名度不高，相应设施缺乏，经验不足，需要加大投资力度来建设体育场馆。虽然冬奥会的举办权已成功申请，但张家口没有举办重大赛事的经验，还不清楚如何对冬奥会进行筹备。此外，组织管理经验的缺乏、专业人才的缺失也是举办地面临的重大挑战，必须在筹备期间充分重视这些问题。针对京津冀体育旅游协同来说，要改变这种不均衡状态是非常困难的。京津冀三地中，北京作为首都，在自然、人文、历史资源等方面具有绝对的优势，北京市体育旅游经济发展规模十分可观。著名景区每年吸引的国内外游客量都是巨大的。天津是我国近代历史的“缩影”，其历史文化旅游资源也很丰富，而且十分独特，如风格各异的大小洋楼、万国建筑博物馆等。而河北省虽然体育旅游资源丰富，但因为资源分布比较松散，所以尚未形成统一的整体，发展规模较小。

针对上述问题，要促进京津冀体育旅游协作发展目标的实现，就需要创建独具特色的区域体育旅游整体品牌。三地应顺应冬奥会的潮流，加强对本地体育旅游的宣传，对体育旅游精品线路进行联合设计与推广，加强对体育旅游宣传活动的组织，联合举办一些体育旅游展会和节庆活动，并积极开展联合促销，促进体育旅游协同一致宣传格局的形成。河北地区有衡水湖马拉松、张北草原音乐节等独具特色的节庆活动，当地政府应积极整合这些节庆活动，并与京津两地展开合作，共同将其打造成本区域体育文化旅游的标志，使其成为全世界了解我国体育文化的重要窗口。

第五节　京津冀体育产业协同发展与人才需求

一、京津冀体育产业结构演化下的人才需求

（一）京津冀产业结构发展趋势

1. 北京产业结构发展趋势

根据北京市城市总体建设规划（2004—2020 年），北京产业结构调整的主要内容是要“做大三产、做强二产、优化一产”。结合北京市产业发展所处阶段，在城市职能新定位的指导下，未来北京市产业发展的方向如下文所述。

（1）第一产业

合理调整农业结构，着力发展现代都市型农业。基于土地资源的限制，

北京市的第一产业发展空间狭小，其发展方向应重点实施规模经营并逐步向第二产业、第三产业延伸。对于第一产业要根据地域实际，分层次地侧重发展精品农业、加工农业、出口农业和观光农业，并逐步提高综合生产能力，获取经济效益。北京西部和北部山区应依托地形地貌特点和浓密的山林资源，侧重发展观光农业、林果种植业和养殖业等具有山区优势的特色农业。在平原地区侧重发展农产品加工与设施农业、观光农业等高附加值的农业，同时注重发挥农用地的生态功能，在保护好基本农田的前提下，建设形成若干与大环境绿化融为一体的农业区，进一步改善城市总体生态环境。①

（2）第二产业

按照北京市新的城市功能定位，北京市第二产业发展方向为：大力发展高新技术产业，全力推进机电协同、电子信息、环保与资源综合利用、生物工程与新医药、新材料等高新技术的集群化进程，努力培养高科技人才，为产业集群的创新发展提供技术支持，全面提升北京工业的整体素质和综合实力，推进以信息化带动工业化，以工业化支持信息化，充分发挥后发优势，继而实现生产力的跨越式大发展。

（3）第三产业

2000年以来，北京第三产业保持12%左右的年均增速，到2013年，第三产业比重达76.9%。从第三产业内部结构来看，现代服务增加值占据了较大比重，同时，生产性服务业增加值的比重也在明显上升，高端服务业在北京第三产业中的主导地位已经日趋明显。第三产业发展方向为：大力发展信息传输、计算机服务和软件业，科学研究、技术服务和地质勘查业等信息服务与科教产业；支持发展金融、保险、商贸、物流、文化、会展、旅游等产业。随着创新型国家、创新型社会建设的逐步开展，富有创新元素的服务市场将日益扩大，这为全面、充分发挥北京自身优势，提升面向全国的创新服务能力，着力发展高效、高端、高辐射力产业提供了前所未有的新机遇。

---

① 梁妍. 产业集群视角下的总部经济[D]. 北京：中央民族大学，2010.

2. 天津产业结构发展趋势

根据《京津冀协同发展规划纲要》,天津的产业定位应突出先进制造研发、国际航运、金融创新运营等经济功能,弱化传统制造业的发展,构筑高层次的产业结构。天津市第一产业发展趋于稳定;第二产业占主导地位,仍保持高位增长;第三产业发展平稳,增长势头良好。根据区域产业结构发展规律,天津市第三产业亟待实现新的突破。基于对天津市产业结构的分析,未来天津市产业发展方向如下所述。

(1) 第一产业

天津市农林牧渔业结构中,农业、林业、牧业所占比重较低,而渔业相对较高。由此,天津市第一产业发展方向为:充分发挥区域和资源优势,加大渔业结构调整力度,发展都市型渔业,推进渔业标准化、产业化经营,从而加速渔业发展从量的增长向质的提高的转变;同时发展观赏渔业,建设沿海休闲渔业基地和集旅游、垂钓、水产品品尝等为一体的休闲渔业景区和观赏鱼养殖等。实施以产业化提升农业工程,实现规模经营,并以基本农田的保护为基础,着力搞好区县经济开发区以及工业园区的规划与整合,逐步提高土地利用率和投入与产出效益。依托山林资源和地形特点,重点发展林果种植业和养殖业等特色林牧业。

(2) 第二产业

结合重点发展现代制造业、电子信息产业的新的产业定位,第二产业发展方向为:一方面,借助渤海港口优势形成更强的产业集群效应,加大力度发展高新技术产业,逐步构建电子、汽车、化工、冶金、信息等产业集群。策划实施一批具有世界先进水平、代表天津产业发展方向、辐射相关产业链条、具有带动作用强的大项目,推动产业结构升级。形成国内占有重要位置的优势产业群,将天津建设成凸显技术领先、产品一流、规模效益明显且面向世界的现代化工业基地。另一方面,发展海洋经济,提升天津的核心竞争力。天津滨海新区因绵长的海岸线使其拥有便捷的港口优势,应着力重点发展海洋经济产业,依托资源优势发展海洋化工、海洋石油和海洋工业。此外,加快现代化制造业和研发转化基地建设,积极采取措施扩大外资规模,这种结构发展有别于北京非海洋经济的产业构成,也有别于河北省、东北老工业基地资源性工业和传统制造业的产业构成,应进一步打牢天津市工业的雄厚基础,深化、提升天津开发区新形象。

(3) 第三产业

近几年来,天津第三产业一直保持稳定增长,在产业结构中也呈现缓慢增长趋势。结合天津市城市功能新定位对产业发展的要求,第三产业发展方向为:第一,突出物流与航运特色;第二,加大发展金融业,积极推进滨海新区的“全国产业基金中心”建设;第三,加快推进生态城市建设。

3. 河北省产业结构发展趋势

内环京津、外环渤海的经济地理特征构成了河北省经济发展的独特区位优势。河北省位处华北平原,是全国重要的产粮区,同时也拥有大型钢铁、建材和化工等综合型工业基地,具有发展油化工、煤化工、盐化工的有利条件和基础,现已基本形成了以煤炭、纺织、化工、医药、冶金、建材、机械、电子、石油、轻工十大产业为主体的资源加工结合型工业经济结构。河北省产业发展方向如下。

(1) 第一产业

河北省的比较优势明显。由于京津对环保的需求,河北在开发专用品、绿色食品、无公害食品和出口创汇方面市场前景良好。第一产业发展方向为:发展高效、优质农业和农产品深加工业。

(2) 第二产业

河北省第二产业中,工业占据着主导地位。地区专业化部门依次为黑色金属冶炼及压延加工业,黑色金属矿采选业,皮革、毛皮、羽毛(绒)及其制品业,电力、热力的生产和供应业,石油加工、炼焦及核燃料加工业,非金属矿物制品业,金属制品业,食品制造业等,是环京津的重化工和制造业基地。然而，河北省的工业发展处于两难境地。一方面，河北省自身发展要以工业为主导；另一方面，京津在制造业方面，尤其是天津的高级制造业，对河北省的压力还很大。依据此分布态势，河北省第二产业发展目标可分近期和长期两步进行。近期发展应定位于传统优势产业的改造升级，并逐步实现向高级深加工的过渡；长期发展重点以"高级制造业"为主、兼顾"高新技术产业"为辅的产业定位。整体而言，河北省要充分利用后发优势，逐步打造都市腹地型实力经济体，积极推进生产力的梯度转移，夯实传统制造业基础，深化化工、建材与钢铁综合性工业基地，发展新兴制造业，并通过制造业的多元化发展，逐步优化调整经济结构，做大经济总量。①

(3) 第三产业

相比而言，河北省的第三产业相对较弱，其未来发展方向为地域性服务行业和资源优势性行业，如旅游业、房地产业以及教育和文化产业等。鉴于京津的第三产业发展水平都比河北省高，河北省应采取差异化战略来发展第三产业。

4. 京津冀产业空间布局方向

(1) "一核"

在京津冀协同发展中要发挥北京的核心引领作用，以解决北京的"大城市病"为出发点，进行非首都功能疏解，有序、有效地将部分产业与功能疏解到周边地区，提升首都功能，优化内部产业布局，凸显北京的首都功能定位，真正发展为"国家政治中心、文化中心、国际交往中心、科技创新中心"。另外，通过非首都功能疏解，促进承接地区的产业结构优化升级；通过教育、医疗等公共服务的疏解进行功能提升，增强京津冀整体发展实力。

(2) "双城"

京津两地位于京津冀的核心地带，经济发展水平也远高于河北省，在京

① 那威. 河北沿海城市发展研究——对比天津地区[J]. 中国投资，2013(08).

津冀协同发展中起着重要的引领作用。北京重点发挥高端引领作用,成为区域的战略高地,为京津冀三地的文化、科技发展起到带头作用。天津重点发展高端产业,成为辐射三地的产业高地。石家庄、唐山、保定作为河北省的中心城市,要充分发挥各自的比较优势,继续扩大城市规模,逐步缩小与京津的差距,逐渐形成多中心发展的成熟网络格局。

(3)"三轴"

① 京津发展轴

在京津冀协同发展中要以京津经济发展为轴线,在北京、天津、廊坊交通沿线上加快中小城镇发展,延伸京津产业链条,带动周边地区迅速成长,促进京津科技成果转化,发展现代服务业、高端制造业为主的产业带;另外,能够辐射张家口、承德市,带动两地的经济发展,为构筑生态屏障提供经济支持。在以京津发展为核心的轴带上形成北京中关村科技园区产业增长极和天津滨海新区产业增长极。中关村是北京科技、文化、教育和高新技术产业发展的主要聚集区,其所属的软件企业数量、产值和出口均占到全国总量的 1/3,在此创业的海归留学人员占到全国的半数以上,而且中关村科技园区集聚功能也呈现出逐步增强的趋势。天津滨海新区位于环渤海经济圈的中心地带,此处不仅是中国邻近内陆国家的重要出海口,也是亚欧大陆桥最近的东部起点,依靠这种独有的条件应重点发展新型能源材料、电子科技、石油管材、优质钢材、装备制造与汽车、现代医药与生物产业,从而带动环渤海地区产业逐渐升级转型为现代化制造业、产品创新研发与转化综合型工业基地。[①] 继而以京津为科技依托,全面带动京津交通沿线的城镇发展,逐渐发展为京津产业带与城镇聚集轴。

② 京保石发展轴

京保石发展轴除了京保石三大城市,交通沿线还分布着众多的中小城

---

① 丁蕾蕾.京津冀协同发展战略全解构:只剩北京强调中心,难点是控人口[EB/OL].[2018-05-31].http://edu.163.com/12/0606/15/83B0NPDE00294ILQ.html.

市，同时带动邢台、邯郸的产业升级改造。根据《京津冀协同发展规划纲要》，该产业带主要由三部分构成：依托北京顺义、亦庄、昌平、怀柔和保定市，重点发展汽车工业，通过非首都功能疏解，以迁移、合作等模式进行汽车产业的对接与融合；建立以京石两大城市为核心的医药生产基地，即以北京的科技资源优势与石家庄广阔的腹地共同打造现代医药生产基地；通过北京的产业疏解，依托保定的产业基础打造以保石为核心的服装、纺织、食品等生产基地。

③ 京唐秦发展轴

京唐秦发展轴以北京、唐山、秦皇岛为核心，在交通沿线上分布着众多国家级、省级和地方级高新技术园区、经济技术开发区等园区，并呈现了高速发展的势头，在快速综合交通体系为纽带的前提下，必将成为引领京津冀区域高新技术创新的核心。另外，凭借曹妃甸港、秦皇岛港、京唐港、黄骅港丰富的临海资源，发挥港口群优势，依托内陆交通，重点发展钢铁、石油化工、能源和物流等外向型产业，进行港口功能调整与提升，使其逐渐成为北方最重要的港口群。

（4）“四区”

① 中部核心功能区

中部核心功能区以北京、天津、廊坊及保定的平原地区为核心，引领京津冀区域的协同发展。以京津的“双城记”为指引，加快京津合作，打造科技创新共同体；以首都二机场的建设为契机，利用区位资源发展现代服务业与高新技术产业，促进北京在廊坊地区的科技成果转化，推动廊坊的产业升级；以非首都功能疏解为契机，利用区位优势与产业基础，促进北京产业与功能在保定的转移，提高承接效率，扩大城市规模。

② 东部滨海发展区

东部滨海发展区以天津、唐山、秦皇岛沿海地区为中心，以港口资源为依托，发展现代制造业、战略性新兴产业、生产性服务业。天津要以港口为依托，推动现代制造业的进一步改造升级；唐山要进行钢铁、石油化工等重化工业的优化升级，形成完善的产业链条，发展循环经济，使产业与生态环境保护相协调；秦皇岛重点发展休闲旅游、现代物流等产业，要进行生态环境的修复、生产性服务业结构的优化升级。

③ 南部功能拓展区

南部功能拓展区以石家庄市、邯郸市、邢台市平原地区以及衡水市为核心，以自然资源为基础，在京津冀协同发展中主要承担农副产品供给、承接科技成果产业转化与高新技术的发展功能。石家庄重点承接生物医药、信息技术等方面的产业发展与科技成果转化；邯郸、邢台主要承接先进装备制造、新能源等产业的疏解与科技成果转化；衡水以自然资源优势为基础主要承担农副产品供给功能，发展现代农业、食品加工等产业。

④ 西北部生态涵养区

西北部生态涵养区需要张承地区与北京、天津的山区共同进行生态建设，构筑生态屏障。以张家口、承德为核心城市，依托张承地区优越的自然条件和现代农业发展基础，将其发展为京津冀区域旅游休闲基地、京津农副产品主要供应地、绿色生态屏障、京津冀水源涵养区、绿色产业集聚区。承德重点发展文化产业、健康养老等产业；张家口主要发展文化旅游、特色农业等产业，与京津共同打造自然文化旅游胜地。

(5)“多节点”

石家庄、唐山、保定、邯郸为区域性中心城市，要进一步扩大城市规模，在发展中充分发挥区域性中心城市的功能，增强辐射能力，打造河北省经济的增长极，以廊坊、秦皇岛、张家口、承德、沧州、邢台、衡水为支撑，提高河北省的整体竞争能力，增强承载力，进行人口与产业的聚集，完善河北省城镇布局，构建现代城镇体系。

(二) 京津冀体育产业结构发展趋势与人才需求

近年来，随着我国体育事业的不断发展，京津冀体育产业呈现出强劲的发展势头，体育产值稳步提升，但总体规模依然偏低，整体宏观调控机制、社会参与机制和市场监管机制尚不健全，体育产业管理机构、体育产业统计及相关链条上的工作做得并不是尽善尽美,造成对经济整体的促进作用尚不明显。此外,京津冀三地体育产业同构现象比较严重,北京、天津、河北三地均发展体育健身服务业、体育竞赛表演业、体育旅游业和体育彩票业,存有不同的是天津、河北有体育用品制造业,北京、天津有体育文化产业,北京有体育会展业。这种严重的产业同构现象容易造成人才、技术、资金方面的不良竞争,不利于要素资源的合理流通,一定程度上制约着区域体育产业的快速发展。为此,京津冀三地在体育产业发展进程中应注重体育产业品牌塑造,提升业已形成的特色品牌。诸如北京国际马拉松赛事、世界斯诺克中国赛和中国网球公开赛,天津蓟县冰雪产业,河北张家口滑雪产业,这些品牌体育产业凸显出了一定的影响力,促进了体育产业经济效益的提升,但整体而言,产业技术化、特色化、品牌影响力依然偏低,需要下大功夫做大、做强特色产业。

京津冀三地目前已经初步形成了体育产业集群。北京初步建成了北京奥林匹克公园、龙潭湖体育产业园区、大兴时尚体育公园和密云航空运动集聚区等体育产业功能区;天津建成了天津海滨旅游度假区、天津奥林匹克中心、天津健康产业园、蓟县冰雪运动产业集聚区等体育产业集聚区;河北建成了唐山玉龙湾体育休闲产业园、京津同城商务休闲区等产业集群。但整体水准偏低,三地打造形成的体育产业集群存在着产业链条短、梯度小、关联度低、外向度不高等问题。

京津冀体育产业在协作进程中存在着产业结构同构、发展不均衡、资源相对独立、利用不充分、缺乏效能整合、市场体系不健全等现象,严重阻碍了生产要素的跨地区整合以及区域产业集群发展,这些不利因素的形成与缺乏统筹协调的管理存在着一定关系,京津冀三方需要加快制定一个产业协调发展机制,通过优化体育市场体系,提升体育产业管理水平,促进区域体育产业均衡、持续发展。针对京津冀三地业已初步形成的体育产业结构,需要创新、优化、升级,合理调配好各自的资源要素禀赋,首先,通过深化产业分工形成合力的产业结构;其次,突破行政区域限制建立共同的发展理念,从整体上进行科学规划，在充分考虑各地要素禀赋优势的基础上进行区域产业结构空间布局，确立各自更具明显优势的核心产业，规避不利竞争因素。此外，京津冀三省市区域彼此相邻且交通便利，生产要素资源互补性强，为产业合作提供了良好条件。京津两直辖市拥有高科技发展区，聚集了大量的高尖端人才，在体育技术创新研发、体育产业市场营销与管理方面拥有着巨大的人力资源优势，同时也拥有以人文景观为主的体育旅游资源。河北在劳动力、土地和自然旅游资源上优势明显，有利于发展体育用品制造业、体育旅游业等。为此，京津可以将一些低端体育产业转移到河北，并给予资金、智力支持，与此同时，借助区域紧邻特点合作打造贯穿三省市的精品体育旅游线路，总之，京津冀三方应建立大体育发展观，立足区域整体竞争力的提升，进行体育产业结构的规划布局，形成产业集聚优势，促进区域的整体经济效益增长。

京津冀是我国拥有人才与科技资源最为丰富的地区，尤其是京津更为突出。与其他产业相比，京津冀拥有的体育产业人才与日益增长的体育市场需求并不相适应，特别缺乏懂体育、会管理、善营销的复合型体育人才，一定程度上影响着京津冀体育产业的持续健康发展。京津冀三地拥有许多国家和省市级体育科研所，但研发水平低、创新能力弱等问题制约着体育产业的优化升级。鉴于体育产业专业人才与市场发展需求不相吻合的现实，亟待需要加大体育产业人才培养力度，以便加快体育产业整体水平的提升。因此，京津冀应首先在统筹协调机制上下功夫，以一种联席会议的制度携手做好京津冀区域人才开发。具体操作上，一、建立京津冀区域人力资源共享平台，实现资源协同；二、建设京津冀区域性人才市场，实现人力流动；三、建立一方聘请、多方受益的共享机制，实现共享协同。只有这样，才能打破京津冀人才市场的“沉寂”，从智力支持上真正保障区域体育产业的健康、快速发展。①

① 钟秉枢.体育人才培养目标与社会需求的对接与适应[J].哈尔滨体育学院学报，2012(08)：1—4.

二、京津冀区域体育大学生就业形势与竞争力分析

随着我国社会转轨带来的市场经济结构的升级调整，大学生就业形势越来越严峻。体育领域随着体育传统就业岗位需求量的萎缩和减少，就业更是难上加难。就现实而言，随着体育专业大学生的逐年增加，毕业生最终真正走上从事体育教学、训练、管理岗位上的寥寥无几，绝大多数毕业生从事着与体育专业关联度不大的工作。长此以往必将导致他们体育专业知识与技能逐渐退化，这必须引起足够的重视。另外，当前社会实际能够提供给体育大学生的就业岗位与他们最初的就业想法存在着巨大的偏差，而且社会也不可能为每一个毕业生提供他们预想的就业岗位，总之，体育专业就业岗位、方式已经呈现出多元化趋势，形成了以体育产业经济为主战场、向其他多领域辐射的就业格局。

第一，相比而言，体育大学生缺乏必要的职业知识，综合素质的欠缺致使大多数毕业生承担非体育领域的相关工作时倍感吃力。从 1999 年大学扩招以来，截至 2018 年，全国普通高校毕业生人数已经由 2003 年的 212 万蹿升到 820 万，“就业难、难就业”是不可回避的现实。相关调查结果显示，体育大学生知识结构较为单一，普遍缺乏基本管理能力和非体育职业岗位技能，虽然具备较强的意志力、耐挫力、吃苦耐劳精神和不俗的身体素质，但这些远远不能弥补其综合能力素质的缺失，在激烈的人才市场中缺乏竞争力。

第二，知识技能型基层服务岗位呈现旺盛的人才需求。随着社会转轨与产业结构调整进入深度发展期，政府机构和事业单位的减员增效改革基本完成且进入平稳过渡期，传统意义上体育就业岗位的劳动力需求骤然减少，就业岗位逐渐转移到第三产业的流通和服务部门以及城乡和农村基层单位。面对多元化的就业形势，体育大学生需要转变择业观念，定位好自己未来人生事业的发展基点。“没有最好，只有更好”，理性的职业定位必将促使你获得事业的成功。

第三,体育经济领域为体育大学生提供了更多的就业岗位和创业机会。中国加入 WTO 和第 29 届北京奥运会的成功举办,进一步加快了我国竞技体育与国际的接轨,北京、张家口携手获得 2022 年冬奥会主办权,促使我国冰雪运动迅猛发展,继而也推动了体育产业包括体育物质产品、体育信息产品、体育劳务等更加专业化,大众体育与健身服务更加多元化、普及化与市场化,这种逐渐完善的体育产业化市场极大地激发了体育产业的市场运作模式,体育产业化的快速推进为体育大学生提供了更多潜在的或是前人未涉足的新型岗位,提供了更为广阔的机遇和事业发展平台。

三、人才培养周期与社会需求的矛盾

(一) 体育人才培养周期

人才培养周期是人才培养所经过的全部时间。它的长短取决于人才培养的各种社会的、自然的物质条件,包括社会制度、社会心理、教育制度及人才个体的遗传因素、心理与生理因素、家庭因素等。不同类型、层次的人才所需的培养周期各不相同。

对于体育人才来说,体育人才的性质、特点不一样,体育人才成长的各阶段的时间长短也不同。体育专业人才的成长大致可分五个阶段。

1. 培育期阶段

培育期是指启蒙基础教育阶段,也就是在专业教育培养前所进行的基础文化知识学习和基本身体素质锻炼阶段。此阶段所学的知识有别于体育专业知识,泛指各类基础学科知识,诸如基本的计算操作技能、写作技能、观察能力和协调能力等。培育期阶段将为未来的人才发展打下坚实的基础,包括身体基础和智力基础。身体锻炼基础对未来的成才方向产生着直接影响,文化知识的智力基础好坏将直接影响到提高期以至创造期的人才发展。对于不同类型的体育人才来说，培育期时间长短也会有所不同。对于体育科技人才来说，培育期不仅包括中小学教育阶段，甚至包括大学教育阶段；而对竞技体育人才而言，高水平的竞技运动员普遍从事体育运动的时间较早，培育期也许只包括中小学阶段，甚至包括小学阶段。

2. 提高期阶段

提高期是指激发潜能基础教育阶段。普遍来说，人通过系统地学习日常应用知识之后，到创造才能萌发的开始，需要一定的途径与方式的沉积和打造，提高期就是为成才打下坚实专业基础的教育阶段。此阶段是人的智力和各项素质发展的最适宜年龄，我们要不失时机地紧紧抓住这一阶段的时间，加强智力开发，提高各项身体素质。同时，应特别注意激发与挖掘显现出来的才能、特点，区别出凸显的最佳才能、较好才能和一般才能。根据一个人的智力因素特性和生理素质特点确定成才的目标，做好成才设计。对于体育竞技人才而言，就是要全面发展，提高身体素质，激发身体机能，掌握专项技术和基础理论知识，奠定良好的基础，为未来创造更好成绩做准备。

3. 创造期阶段

创造期是指创造优异成绩巅峰阶段，也就是从萌发到激发才能再到创造出最佳成绩阶段。此阶段主要是用已积累的知识和专业技术实现成才目标的过程。这一阶段处于人才发展的最佳年龄期，是人才由“沉积”到“凸显”的转化过程，可以说是一个人干出一番成就的黄金季节，是事业发展的巅峰期。对于我们而言，无论是做体育科学研究还是从事运动训练或教书育人的工作，都要不懈努力，力争在人生这一短暂而宝贵的“黄金季节”发挥最佳创造才能，并努力维系、延长创造期，提高自身社会价值，为国家体育事业的发展作出更大贡献。

4. 高原期阶段

“高原期”一词是源于运动训练学中的“高原”现象。在运动技能形成过程中往往在练习中期阶段出现一种暂时停顿的现象，被称为“高原”现象，主要表现为运动员技能水平似乎在一段时间内不再上升，甚至略有下降。也就是说，当一个人的技能发展到一定水平后，在一定阶段内不管你如何努力都会略感疲惫，甚至不能再提高。故此，当进入高原期阶段后，人才必须要凭借自己坚强的意志、必胜的信念和努力突破“高原”现象，只有这样才有可能进入更高阶段的创造期，否则便会逐渐滑落到衰退期。

5. 衰退期阶段

任何生物的机能素质都有一个发展与衰退的过程。人才的创新力、创造力、创业力以至工作能力、身体素质到一定年龄后也会随着身体机能的衰退而出现递减，这是不以人的主观意志为转移的客观规律。从递减规律出现开始，我们将之称为人才衰退期。

人才培养不是一朝一夕、一蹴而就的事情，需要一个长期、系统的教育过程。对于体育人才培养周期来说，往往至少包括体育人才成长的培育期与提高期。虽说如此，但我们必须清醒认识到，体育人才培养是需要一个长期的过程，也只有经过长时间的知识储备、能力积淀，才能够使之成为一个合格的体育人才，因此，体育人才培养周期具有长期性，不能急功近利，拔苗助长。

（二）我国体育人才的社会需求

2008 年北京奥运会结束后，我国逐渐步入了体育强国建设的新时期。回顾这一时期的建设任务：群众体育广泛开展：建设形成了覆盖面广且较为完善的公共体育服务体系；竞技体育全面发展：优势竞技项目依然保持国际较高水准，潜优势项目也普遍提高，在力求项目均衡发展的同时下大力气狠抓了体育基础大项和集体项目，竞技水平不要短暂效应，力求逐步提升，并实现可持续发展；体育产业促进发展：侧重发展体育服务业，从而带动其他体育产业全面发展并实施市场化运作，使之成为国民经济体系中一个重要的组成部分；体育文化传承发展：大幅度传承中华传统体育文化的影响力，获取在世界体育文化活动中更大的影响力；体育法制、体育科研和体育教育方面均达到了令人刮目相看的水准；在国际体育领域，中国拥有了更大的影响力、发言权以及更大的引领作用；在体育发展方式上形成了独具特色的中国体育发展模式，以政府主导推动社会团体实施市场运作，从粗放型转变为经验型，从集约型转变为科学型。实践证明，未来只有将这些方面全部达到较高的水平，我国才可以真正称得上体育强国。体育强国宏伟目标的提出，需要大批高素质人才来支撑，高等体育院校必须承担起人才培养的责任与使命，结合国家发展战略目标做大、做强学科专业建设，做优、做好社会服务工作，以适应体育强国建设对体育教育的需求。

体育强国建设下的体育人才标准如下：

(1) 良好人格的奉献精神。我国从青少年到老年人的体质健康状况不容乐观，竞技运动员体能训练也需要注入科技手段，体育产业也需要大批的人才去经营开发。面对类似这样亟待需要推进的体育工作，国家急需一批人品好、讲奉献、肯吃苦、素质高的优秀体育人才来投身于体育强国建设。

(2) 较强功底的综合素质。现代社会里体育与政治、经济、文化的关联度越来越高，并且呈现出一种蔚为壮观的文明现象。作为服务这一文明现象的体育人需要更多地深入了解政治、经济、文化、社会等方方面面的情况。要想成为符合时代要求的体育人，既要掌握丰富的体育专业知识、扎实的专业技术，还要知晓人文、地理、经济、管理、外语等学科专业知识，具有宽泛的知识结构和较高的综合素养。

(3) 超前思维的创新创业意识。体育强国建设需要硬实力和软实力，创新创造是凸显软硬实力的特征，体育强国建设是一个不断创新、再创新的过程，要在体制、机制、制度和技术等软硬实力上不断创新。我们必须打造一批高素质的创新创业型人才。事实证明，头脑僵化、动手能力差、不懂得创新、不想着创业的人很难在激烈的市场竞争中立足，从而赢得事业。

（4）娴熟高超的业务能力。体育强国建设需要建设者具备娴熟、高超、一流的业务能力，包括战略设计与策划技能，信息收集、处理、运用技能，工作组织协调技能，人际关系处理技能，灵活处理问题技能和超强的执行力，这些能力素质能够促使你更好地承担与高质量地完成各项工作任务。

（5）与众不同的个人特质。古今中外的成功者，尤其是优秀运动员身上大多拥有着独特的人格特征，在与人接触上表现为善于交际、活跃开朗、情绪稳定、高随和性、低神经质、低掩饰性；在心境状态方面表现为高活力、低抑郁、低困惑、低紧张、低焦虑、低气愤、低疲劳。要想在体育强国建设中成就事业，必须培养、塑造表现在优秀运动员身上的这些心理特点，这也是成为优秀人才必备的心理素质特征。

（三）体育人才培养周期与社会需求的矛盾

体育人才培养如何适应当今社会需求，这是社会各界普遍关注的焦点问题。教育界对此从理论与实践方面进行了深入细致的研究和分析，提出了许多建设性的观点和建议，但这些问题似乎一直没能得以有效解决。究其原因，主要在于很难把握社会需求这个“度”，时间上也很难缩短人才培养周期。

一般而论，社会人才需求既有即时的，也有长远的；既有当前的，也有未来的；既有局部的，也有全局的；既有明确的，也有模糊的；既有显性的，也有隐性的。从宽泛、广义的视角来理解，高等院校的任何办学行为都是立足于社会需求，可以说都是在有意无意地满足社会的各种需要，这是大学能够存在数百年并得以不断发展的根本原因之一。然而，从洞悉社会即时的人才需求信息到学校培养出体育相关人才往往需要一定的时间，至少本科教育是四年时间，而在这一期间社会需求状况又必然随之发生各种各样的变化，从而造成人才培养很难完全适应社会的需求，从而出现与社会的适应是暂时的，甚至是偶然的，而不适应则往往是持续的、必然的。事实证明，我们事先了解未来社会人才需求确实有助于把握甚至设计未来一个时期的社会发展方向及其人才供求关系，但这种方式实际上仍然存在着很大的局限性，要想真正推动人才培养更好地适应社会发展的需求，就必须首先要事先了解社会需求，然后缩短人才培养周期，最后提高现有人才的适应能力，同时要将这三种方法有机地结合在一起，做到有的放矢，因材施教。为此，我们要整合政府、高校、社会各方面力量且协调好三者之间的关系，构建具有预见性、调节性和应急性的适应体制，从而推动大学人才培养工作更好地适应社会需求。

四、协同创新创业型体育人才培养的教育效能

协同教育理念是以为区域或行业经济发展服务为宗旨，以培养复合应用型专门人才为目标，这是大学适应高等教育改革与发展的要求，凸显“以学生为中心，以能力为本位”的现代教育观念，同时在人才培养、科学研究、技术开发和社会服务等领域开展形式多样的合作活动，力求通过资源互补、优势共享等方式，充分发挥高校与高校之间、高校与企业之间各自优势和潜能，实现双赢，促进双方共同发展。

高等院校要适应现代社会发展并要积极投入经济建设的主战场，根据自身优势和特点，面向社会发展，面向区域经济，开展全方位、多层次、有针对性的协同创新创业教育。重点是要根据当今国家经济建设对人才的实际需求，着力提高创新创业型人才培养的质量与数量，采取措施提供形式多样的技术服务和社会服务，不断增强对区域经济增长的辐射力和贡献率，从而为自身资源扩展、教学基地建设、毕业生就业赢得更广阔的可持续发展空间。

经济全球化的挑战以及创新型国家建设，昭示着国家和社会所需要的人才类型发生了质的改变，培养较强创新意识和较高创新能力将是新时期大学人才教育的核心。因此，高校和社会要一起来共同确定与制定协同创新创业人才培养。社会企事业单位应将未来发展对员工的需求数量与质量反映到学校，学校要根据社会需求定位好人才培养的目标，设计好人才培养的顶层方案。研究型大学应着力为国家培养高级的创新型人才，与社会共同制定以培养创新精神和创新能力为核心的培养目标。与研究型大学相比，教学型大

学在教育知识的深度与广度上相对较弱，应着力加强应用能力教育，与社会共同制定以培养适应社会发展、适应企业需求且具有较强实践能力为主的培养目标，从而向社会输送更多的应用型人才。对于介于研究型大学和教学型大学两者之间的教学研究型大学，应以培养本科层次的人才为主。教学研究型大学与研究型大学、教学型大学相比，培养的并不是某一方面的专门人才，更多注重综合人才的培养，其培养目标定位为具有较强的实践能力、理论应用能力以及知识运用能力、创新创业能力的复合型人才。

第二章 创新型国家建设与创新型人才培养

人才与创新是当今世界各国都在关注和研究的焦点问题，党和政府已经明确指出，我们已经进入创新时代。创新驱动已成为我国经济社会发展的主要驱动。京津冀地区同属京畿重地，战略位置十分重要。实现京津冀协同、创新发展与本地区创新型人才的培养密切相关。有鉴于此，本章主要从创新型国家建设的战略高度，对创新型人才的培养予以分析。

第一节 中国与发达国家在人才方面的主要差距

2015 年 12 月，欧洲工商管理学院等联合发布了《全球人才竞争力指数 2015—2016》。该报告就投入和产出两个方面，环境、人才吸引、人才培养、人才保留、劳动力技能、全球知识技能六个指标，对全球 109 个国家(其中高收入国家 47 个，中高收入国家 31 个，中低收入国家 23 个，低收入国家 8 个)的人才竞争力进行了评估。

该报告显示，人均国民生产总值较高的国家的人才竞争力一般比人均国民生产总值较低的国家的人才竞争力要低。造成这一现象的原因，主要是人均国民生产总值较高的国家能够通过更好的教育体系、更高的薪酬水平去吸引和留住人才。在《全球人才竞争力指数 2015—2016》中，排在前 30 位的国家包括新加坡、瑞士、美国、荷兰、德国、日本、瑞典、英国、芬兰等。在本次排名中,中国处于第48位,明显落后于发达国家。可见,中国与发达国家在人才竞争力方面仍存在较大差距。

具体来看,这些差距主要体现在以下几个方面。

(1) 缺乏在世界有关领域的重大发现、重大发明,如万有引力定律的发现、计算机的发明等这类发现和发明。

(2) 第一、二、三产业中相当部分的产品缺乏品牌影响力,利润低。我国许多商品缺乏品牌影响力,故难以走向世界。由于缺少品牌影响力和专利,缺少核心技术,故产品的利润就低,长期处在"微笑曲线"的低端。据有关方面的统计,我国经济的发展中,只有10%属于具有自主知识产权的领跑者,20%属于并跑者,而70%属于跟跑者。

(3) 缺乏影响人类历史进程的世界一流的科学家、发明家、企业家,如牛顿、爱因斯坦、莱特兄弟、爱迪生、比尔·盖茨等这类人物。在不少学科领域中,世界公认的对这些学科发展影响最大的前十名甚至前几十名的专家学者中是中国国籍的极少。

(4) 缺乏创新型人才特征。中国人才研究会顾问徐颂陶曾表示,目前我国各类科技人才已经超过4 800万,这一数量和大学毕业生数量实际上已经超过美国,但高层次创新型人才仅有1万多,仅为美国的1/20。可见,我国的人才存在明显的缺乏创新性的问题,这一问题也在很大程度上导致我国对外技术依存度较高,如我国对外技术依存度高达40%以上,而美国、日本对外技术依存度仅为5%。

(5) 缺乏专利成果,特别是高质量的专利成果。我国的专利从数量上来看是有很大进步,甚至2011年超过美国、日本,成为世界上申请专利最多的国家,但高质量、高水平的专利成果较少,如2012年,中国专利权人获得美国、欧洲和日本三方专利局专利授权的比例分别只有2%、1%、2%。而美国、日本和欧洲专利组织成员国的专利权人获得专利授权的比例高达98%~99%。

(6) 一些行业的劳动者综合素质仍较低。我国第一、二、三产业都有一些劳动者的文化水平仅为初中甚至更低(主要是农民工)。“双证”(学历证、专业技能证)就业的要求在一些行业还远没有得到很好落实,低学历、低技能、低创新意识和能力严重影响到我国劳动生产率的提高。

(7) 教育发展水平不平衡,特别是在广大的农村和中西部地区。教育是提高劳动者素质、培养各类人才的主要渠道,我国教育事业有很大发展,但发展很不平衡,如数量、质量和结构的不协调,城市和农村的不平衡等。如美国81%的工程专业毕业生在世界500强企业可以胜任工作,印度有25%的毕业生可以做到这一点,而中国只有10%。另外,我国广大的中西部地区和农村地区等在普及九年制义务教育,特别是普及创造教育、不断提高教育质量等方面还需要持续努力。

(8) 企业作为技术创新的主体,总体上创新能力还比较弱。未来发展中要努力实现从制造向创造转变,从速度发展向质量提升转变、向中国品牌转变。

第二节　21世纪世界的创新变化

21世纪是人类依靠知识创新和可持续发展的世纪,世界将自这一世纪开始进入全球化知识经济时代。对于这一时代的特征,可以概括为科学技术突飞猛进、知识经济已见端倪、国力竞争日趋激烈。在这样的时代背景下,科技创新与产业变革同时迸发,历史性地汇聚到一起,对人们的生产与生活产生巨大影响。而能否在这一时期抢占发展先机,在很大程度上取决于能否抓住创新变化的机会。因此,在21世纪,创新将成为时代的主题与发展潮流。

一、科学技术将发生历史性突破

当今世界科学技术呈现出群发突破、多出点的态势,不同领域之间的交叉互动较为常见,涌现了一批新兴交叉前沿方向和领域,科学技术进入空前未有的改革与大发展时期。

在新一轮的科技改革与发展中，基于自16世纪以来的世界科技五次大革命，21世纪科技改革与发展将进入第六次科技革命阶段。回顾前五次科技革命，对人类的思想观念、生产方式、生活方式、世界格局，甚至使许多国家的命运发生了彻底的改变。作为科学、技术、产业三大革命的完整融合，本世纪的第六次科技革命将蕴含着更为巨大的经济利益和社会利益，它将提供人类更高品质的生活，满足人类更加复杂多变的生活需求，不断开发适应宇航时代需要的最新科技。

从当前世界科技发展的情况来看，一些专家认为新时期科技革命将会在整合与思维和神经生物学、创生生物学、生命和再生工程、纳米和仿生工程、信息和仿生工程五个主体学科中会有重大的突破，人格信息包技术、仿生技术、信息转换器技术、人创生技术和再生技术等在这一时期将有很大的发展，这些技术的发展有可能使人类获得三种新的"生存形式"，即网络人、仿生人和再生人，加上自然人，人就有四条"命"。可以说，在21世纪全球科技革命和产业革命将进入一个新的历史性突破关头，这一发展趋势已经在一些重要科学领域发生的革命性突破中得到一定程度的显现。有鉴于此，美国国家情报委员会发布了《全球趋势2030：多元化的世界》研究报告，对全球可能出现的新变化进行了推断。根据该报告，到2030年，四个技术领域将深度影响着全球的经济、社会和军事发展，分别是信息技术、自动化和制造技术、资源技术以及医疗技术。

二、生命科学将成为带头科学

地球是一个富于生命多样性的巨大星球。在这星球上各类生命活动的基本形式是新陈代谢，整个生命运动过程中贯穿着物质、量和信息三者的变化、协调和统一。人们普遍认为，一个生物基因一定程度上影响着一个国家的兴衰，一个生物物种对国家的经济命脉产生着影响。

鉴于生命科学的巨大作用及其重要意义，早在古代时期，人类便开始进行与生命科学有关的研究，进入16世纪以后，随着欧洲文艺复兴和资产阶级的兴起，真正的实验自然科学以崭新的风貌出现于世，生命科学也有了新的发展。进入20世纪以后，生命科学就已取得了相当辉煌的成就与巨大的进展，特别是DNA双螺旋结构模型的发现、遗传信息传递“中心法则”的确立与DNA重组技术的建立，使生命科学有了突破性发展，会使生命科学在自然科学中的位置发生革命性变化。甚至许多科学家认为，21世纪生命科学将成为带头科学，虽然这些论断目前还有不同的看法，但毋庸置疑，21世纪生命科学将继续蓬勃发展，继续在推动人类进步方面发挥巨大作用。

二、信息科学将不断爆发新的突破

众所周知，信息技术是当今世界适用范围最广、创新速度最快、对人类影响最为深远、渗透力最强的一项高新技术。在现代社会对信息更新速度、传播范围与速度、信息量等的需求下，现代信息技术不断发展，历经数次信息革命。

考察信息科学的发展历史，我们不难发现，信息科学的发展是与信息革命息息相关的。迄今为止，人类对于信息的开发、利用共经历了五次大的信息革命，即语言的产生、文字的创造、造纸术与印刷术的发明、电讯的发明、电脑的诞生与使用。如果说前四次信息革命只是为信息科学的诞生准备了肥沃的土壤，那么第五次信息革命以来，在狭义信息论、一般信息论的基础上，现代信息科学飞速发展，并直接将人类带入信息社会。现代通信网络和交通物流在全球已然连成整体，宽带、无线、云计算、大数据等技术创新使得人们获取信息、传播信息的速度、范围及其便捷性大大提高，人类进入空前的大数据时代。在这样的形势下，21世纪信息科学将会进一步发展，信息科技将不断爆发新的突破。

四、知识经济化趋势愈加明显

马克思的“科技是生产力”、培根的“知识就是力量”说明在20世纪以前，人们已经认识到知识在推动社会进步方面的重要作用。进入20世纪以后，随着高科技革命的发展，国际竞争重点逐渐向经济科技领域转移，经济知识化的步伐不断加快。高科技革命不但使人类的知识总量迅速增加，而且使人类获取知识、应用知识的能力大大提高，世界开始逐步迈入知识经济时代。

从虚拟经济观点来看，知识资本是一种虚拟资本，是不能用实物来衡量的一种无形的、价值不确定且越来越重要的资本。当今社会正处于大变革大调整时期，创新成为国家竞争力的核心要素。在世界经济全球化、政治多极化格局下，综合实力竞争越演越烈，各国为了增强本国的竞争力以及获得主动权，纷纷把深度开发人力资源、实现创新驱动发展作为国家的战略选择。可见，21世纪，知识经济化的趋势将愈加明显，在未来的知识社会中会呈现出两种类型的国家：一类是生产知识和输出知识的头脑国家，另一类是引进知识和应用知识的躯干国家。我们要实现中华民族的伟大复兴，实现中国梦，绝不可以只有躯干没有头脑，必须大力倡导自主创新，成为既有头脑又有躯干的国家。

第三节 创新型国家战略的确立及其政策支持

总体上来看，人才是衡量一个国家综合国力的重要指标。而从我国的人才队伍来看，多而不精、大而不强的问题十分明显。对此，党和政府先后召开了多次人才工作会议，确立以创新促进人才发展的创新型国家战略，并制定了相应的政策，以实现国家富强、民族振兴。

一、创新型国家战略的确立

党中央、国务院根据国际国内的实际情况，在连番论证之后，在2006年新世纪第一次全国科学技术大会上提出了到2020年把我国建设成创新型国家的奋斗目标。正如胡锦涛同志所指出的那样，“当今时代，人类社会步入了一个科技创新不断涌现的重要时期，也步入了一个经济结构加快调整的重要时期”，“面对世界科技发展的大势，面对日趋激烈的国际竞争，我们只有把科学技术真正置于优先发展的战略地位。真抓实干，急起直追，才能把握先机，赢得发展的主动权”[1]。如今，我国已经走到了一个新的十字路口，为了在残酷的竞争中赢得主动，必须依靠科技创新大幅度提升国家的综合国力和核心竞争力，建立契合实际的国家创新体系，坚持走创新型国家之路，这已然成为我国的必然选择。

具体来看，自改革开放以来，我国经济保持快速增长的发展势头。在国家经济实力不断增强的同时，人们越来越清楚地认识到，国家间的竞争起关键作用的便是科学技术的竞争，而科学技术的竞争则在很大程度上取决于一个国家科技进步的速度与自主创新的能力。从实际情况来看，虽然我国在科技领域已经具备了一定的支撑社会发展、促进社会进步和参与国际竞争的实力，但薄弱的自主创新能力体现在缺乏拥有自主知识产权的核心技术，造成被动的受制于人的现象。此外，自主创新能力的薄弱，也直接导致我国因为缺乏相关的核心技术而要付出更大的资源、环保代价。因此，在世界新一轮科技革命与竞争形势下，若能抓住这一机遇大力发展我国的自主创新能力，便能彻底改变我国在国际竞争格局中的不利地位，形成长期的竞争优势。从这一层面来说，创新型国家战略是有其必要性与先进性的。

---

① 胡锦涛. 坚持走中国特色自主创新道路　为建设创新型国家而努力奋斗——在全国科学技术大会上的讲话[J]. 求是，2006(2).

在肯定创新型国家战略的必要性的同时，我们也应该清醒地看到，我国在推进自主创新、建设创新型国家的道路上面临着诸多挑战，这些挑战也都是不可逾越和亟待解决的。可以归纳为以下几个方面：第一，科技投入能否大幅增长以确保实现1.5%的目标；第二，产业发展何时不再受制于人；第三，政策规定能否为自主产品营造一片沃土；第四，高层次人才的严重短缺，创新重任谁来承担；第五，管理评价体系粗犷且僵化，创新指标能否成为科学研究指挥棒；第六，存在的浮躁之风，能否觅得一方创新文化净土；第七，企业能否成为创新主体；第八，资源分散重复，忽视绩效，创新精神能否觅得良好的培育空间；第九，经济社会发展面临种种“瓶颈”，关键技术能否提供有效支撑。①

二、国家对自主创新的政策支持

我国创新政策可以追溯到1978年在全国科学大会上邓小平同志关于科学技术是生产力、科技人员是工人阶级的一部分的论述，而后1982年“经济建设必须依靠科学技术，科学技术工作必须面向经济建设”的战略思想成为指导我国包括科学技术工作在内的社会主义现代化建设的基本方针之一。进入21世纪以后，随着国家对发展本国自主创新能力的重视程度的增加，新出台的创新政策不仅数量大幅度提升，而且支持范围、层面更为广泛，为我国发展自身的自主创新能力奠定了良好的政策环境。

具体来看，有关创新的国家政策有国家级的，也有地区级的，国家级的如国务院关于实施《国家中长期科学和技术发展规划纲要(2006—2020年)》的若干配套政策，中共中央、国务院《关于实施科技规划纲要增强自主创新能力的决定》，国务院《关于大力推进大众创业万众创新若干政策措施的意见》等；地方级的如《成都市引进高层次创新创业人才实施办法》《中关村国家自主创新示范区科技型中小企业信用贷款扶持资金管理办法》《中关村国家自主创

① 宋克勤. 国外科技创新人才环境研究[J]. 中国科技奖励，2011(08)：217—220

新示范区创业投资风险补贴资金管理办法》《上海市科技创新"十三五"规划》《上海系统推进全面创新改革试验加快建设具有全球影响力的科技创新中心方案》《广州市人民政府关于加快科技创新的若干政策意见》《广州市科技创新券实施办法(试行)》等。

这些创新政策虽然各有差异,但都有一个共同的目的,即推动国家或地区的自主创新的发展,为我国各项创新事业提供良好的政策环境。若将这些政策综合起来,大致可归为以下两个方面:一是减弱政府权力对自主创新的约束力,为其发展扫清道路;二是积极增强政府财政政策的加力增效,通过加大财政补贴等方式,为大众自主创新提供更有力的政策支持。

第四节　创新型国家建设对创新型人才的要求

所谓创新型国家泛指那些将科技创新作为基本发展战略,大力大幅度提高科技创新能力,逐渐形成日益强大的竞争优势的国家。其内涵与实质是指国家始终坚持以技术创新为经济社会发展核心驱动力,主要表现为:大力投入推动整个社会创新活动,国家重要产业的国际技术竞争力较强,拥有较高的投入产出绩效,科技进步与技术创新在国家的财富增长和产业发展中起着重要作用。①

创新型国家一般应具备以下四个特征:第一,科技进步贡献率达70%以上;第二,创新投入高,全社会研发投入即R&D(研究与开发)支出占GDP的比例一般在2%以上;第三,创新产出高。世界上公认的20个左右的创新型国家所拥有的发明专利数量占全世界总数的99%;第四,自主创新能力强,对外技术依存度指标通常在30%以下。基于此,创新型国家建设对人才提出以

① 中国杏花村人.为什么说这些指标成为创新型国家的基本特征[EB/OL].[2013-06-12].http://blog.sina.com.cn/s/blog_b91acd4a0101cw7a.html.

下几方面的要求。

一、要有较强的创新性和求知欲

在人才的发展中，学历很重要，知识和能力很重要，但创新具有决定性意义。只有从事创造性劳动、取得创新性成果从而为社会作出突出贡献，才能成为真正的人才。

以大师为主要代表的高层次人才是我国发展需要的紧缺人才之一。所谓大师，都是某个学科、某项事业的开创者并且矢志不渝地为之奋斗，例如，钱学森是“中国导弹之父”，王大珩是“中国光学之父”等。许多诺贝尔奖获得者，都是某个领域的重大发现者，如伦琴是X射线的发现者等。因此，没有创新不仅不可能成为人才，更不可能成为大师。许多企业也是其领军人物通过创新发展起来的，像微软集团、华为集团等。

只有创新才是真正的人才，而没有人才也不可能创新，正如习近平总书记所指出的：“创新驱动实质上是人才驱动”，人才是创新的根基，也是创新的核心要素。创新驱动发展，人才引领创新。实践证明，一个人才引领一项科技创新，可以催生一个产业，带动一方发展，影响乃至改变世界。如王选开发汉字激光照排系统，中国印刷术开启第二次革命，告别铅和火，迎来光和电。这就是人才与创新的辩证关系。但人才必须与生产资料、与合适的条件紧密结合才能产生创新成果，如当今时代的科技创新必须要有先进的实验室等。

此外，要建设创新型国家，就需要人才不断予以创新，而创新的基础就是永不满足的求知欲。小时候的爱迪生为了弄清楚母鸡为什么可以孵出小鸡，竟然躲在自家大院一个草棚的草堆里用自己的身体去“孵”鸡蛋，并且希望弄清楚为什么母鸡可以孵出小鸡。这就是这位杰出发明家在儿童时代就有的强烈求知欲。而一个人的一生有求知欲和创造欲并不难，难的是具有永不满足的求知欲和永无止境的创造欲。满足求知欲一靠学习（包括善问），二靠创新（包括质疑和思考）。当今时代，尽管人类所创造的知识瀚如烟海，但在人类面前还有许多未知世界，努力弄清楚这些未知，不断创造新事物就是创新。

二、要有合理而多元的知识结构

一个人的创新必须以丰富的知识为基础，而人生有限，学海无涯。要早日实现创新的目标，必须建立一个合理而多元的知识结构，即围绕创新目标来积累知识，早日形成 T 字形的知识结构，努力实现一专多能。

三、要求有大无畏的开拓进取精神

任何创造或创新，都是走前人没有走过的道路，攀登前人没有攀登过的高峰。要成为创新型人才，首先是要有强烈的进取精神和开拓精神：没有大无畏的进取精神和开拓精神，毛泽东不可能历经千辛万苦创建了第一个农村革命根据地并开拓了农村包围城市的中国新民主主义革命的成功之路；没有这种精神，俄罗斯科学家罗蒙诺索夫也不可能冒着生命危险用风筝连着导线和电流表去探索天上的雷电究竟是什么。无数事实都说明，是否具有大无畏的进取精神和开拓精神是成为创新型人才的前提，也是创新型国家对人才的基本要求。

第五节 大学创新型人才培养的国际经验

为了培养创新型人才，世界主要国家在人才创新能力培养的课程体系、教学方法和手段、评价方法、制度环境等方面，都采取了一些针对性的措施。其中许多经验都值得我们予以借鉴。

一、美国创新型人才培养的经验

美国在第二次世界大战之后逐步形成了以企业、大学、国立科研机构为主体的完备的研发体系，引领着世界基础科学的前沿和技术创新的潮流，成为世界超级强国。[①] 而它在创新型人才培养方面本身就具有一定的优势，这主要表现在以下几个方面。

第一，美国创建了十分完备且成熟的国家创新体系，各类官、产、学、研机构形成了一个有机整体，相互之间互为有效补充并有密切的互动。

第二，研究型大学肩负着高科技人才培养和原始性创新研究的双重任务。

第三，美国是一个移民国家，社会对多民族的文化相对比较包容，同时兼收并蓄着世界上各种肤色与不同类型的优秀人才；偏重于以个人为中心，强调个人的价值。为此，美国也成为世界各国科技人才的首选之地。

第四，美国在科技创新研发上一般投入较大，铸就了美国在科学研究及高新技术产业领域的产出均处于世界领先水平。

以上所列举的在创新型人才培养方面的优势实际上也可以作为我国对美国创新型人才培养经验的借鉴，即我国培养创新型人才可从以下几个方面予以考虑。

第一，创建国家创新体系，推动产学研的结合与互动。

第二，加大对研究型大学的开发力度，使其切实承担起创新型人才培养与原始性研究的任务。

第三，制定人才吸引战略与政策，吸引有才能、有创新意识的人才到中国工作，为中国的创新能力发展增添动力。

第四，加大对科技研发的投入力度。

---

① 信力建.美国的教育强国之路[J].看世界，2013(6).

二、英国创新型人才培养的经验

1994 年,英国首次明确提出以创新为核心的国家科技发展战略。内容涵盖：加强基础学科领域研究和国际研究与开发;确立企业为技术创新的主体,提倡与大力扶持中小企业的技术创新;深化营造创新氛围与创新环境建设,颁布出台系列有利于创新的规章制度、政策体系和法律法规,大力推动风险投资,为企业技术创新解决资金问题;积极推动形式多样的官产学研合作,促使更多的科技成果产业化;加强基础设施建设,逐步完善创新基础设施和中介服务体系,大力发展科技和教育。

之后,英国政府始终坚持以创新为主题,大力加强创新型人才培养工作,并试图通过领先的基础科研和充满活力的技术创新,进一步提升科技进步对社会发展与国民经济的影响,进一步强调国家科研机构、高等院校与企业的密切合作,深化人才在技术创新与知识积累中的重要作用,建立适宜科技创新的体制和环境。

英国高度重视创新创业教育,始终将之作为创新型人才培养的重要途径与载体,目前形成了完善的教育体系,而且不断引进新的教育理念,教授人们“如何思索、怎样创新”。从其培养体系及其效果来看,最值得我们借鉴的是其构建的多样化人才培养模式,诸如剑桥大学、牛津大学等高等学府,在其完备的教育培训中注重革新,强调改革,鼓励创造,培养出了一批具有超强创新能力的国际顶尖人才,铸就了世界一流大学。此外,英国提出了一个新的学校形式——工业大学,这种崭新的培训教育模式有别于传统的全日制大学,是“为工人继续学习提供的大学”,获取了有效地激发企业与个人建立终身学习意识的教育目的。①

---

① 刘雪妮,蔡先海,任高飞.西方国家技术创新政策借鉴学习[J].当代经理人,2006(21).

三、德国创新型人才培养的经验

德国是世界上公认的创新型国家之一。它提出并推动的“工业 4.0”战略，旨在通过打造智能制造的新标准，稳固全球制造业龙头地位。内容包括：一是建立“智能工厂”，主要研发智能化生产系统，从而实现网络化分布式生产设施；二是推动“智能生产”，主要推动企业的生产物流管理、3D 技术和人机互动在工业生产过程中的广泛应用；三是打造“智能物流”，主要通过物联网、务联网和互联网进一步整合物流资源，更加便捷、充分地提高市场物流资源供应方的效率，让需求方能够更加快速地获得物流的服务和支持，而这些内容从总体上来看，都属于创新的范畴。

德国内卡河谷面积只有 1.4 万平方千米，许多高校、科研院所与企业集聚在此，他们注重应用型科研，不断地孵化“隐形冠军”。所谓隐形冠军是指在社会知名度较低的科技型中小企业的研究人员不追求当教授、发论文，反而专注于研发创新生产技术，并迅速将其转化为生产力，获取经济效益。其中技术转移机构深入企业，努力帮助企业提升创新力，“应用型科研”和“技术转移机构”等措施，将科研与产业更为紧密地联系在一起，专注服务于最具活力的创新因子，取得了明显成效。内卡河谷也被誉为“德国产业成功秘密所在”。

德国在创新方面采取多种措施，实施青年人才计划，强化终身教育，倡导产学研合作，发展科技企业孵化器；制定引进优秀人才政策，实施技术移民和绿卡政策，广泛吸纳国外优秀创新人才；制定出台人才回归计划，吸引大量的外流人才回国工作；开放高等学府优质教育资源，大力吸引外国留学生；鼓励对外研发投资，强化国际合作，获取国外人力资源；建立多元的文化社会氛围，出台特殊优惠政策吸引优秀人才；建立健全市场需求下国际化人才流动机制，促进人才队伍国际化；积极营造良好的创新社会氛围，鼓励和支持人们积极从事创新活动，并在创新研发中引入“经营”理念，倡导科研人员走出实验室以一名产业经营者的思路从事开发研究工作。

第六节 高素质创新型人才培养模式研究

21世纪是“知识经济”的时代，创新的知识已日益成为生产力诸要素中最重要的因素和资本。国力的竞争将日趋激烈，掌握和发展科学技术人才的素质决定了竞争的成败，而教育水平则决定了人才素质的提高和人才资源的开发。因此，为了在新时期掌握国际竞争的主动权，培养高素质的创新型人才已经成为我国人才培养的重要任务。具体来看，高素质创新型人才培养可从以下两方面入手。[①]

一、创新课程体系

考虑到在人才培养上，学校占据着十分重要的地位，因此，进行高素质创新型人才培养也需要考虑学校课程体系的创新。进行课程体系创新，要对课程体系的要素进行调整与设计。课程是需要多层次设计开发的，课程体系创新要从关注学科发展到关注学生的发展。针对学生实际，根据时代要求和学校资源条件，通过校本化的设计，提供给学生。

具体来看，这些课程体系要素主要包括课程结构、课程内容、课程学习考核、课内与课外的关系等。其中，不断调整现有不利于学生发挥其创新性的课程结构，根据培养目标对学生知识和能力的结构要求，梳理、整合必修课程；根据学生的差异性学习兴趣，大量增加选择性的教学内容，完善、丰富选修课程；根据实践教学要求，强化教学内容与社会生产活动实践衔接融合，通过深化实践课程改革，不断拓展实践类活动课程，调整好学科基础课、专业基础课、通识教育课以及多元化课程之间比例，建立契合社会与经济发展需求

① 于武东.欧洲发达国家创新型人才队伍建设的经验[J].今日浙江，2007(05)：50—51.

的课程体系，同时深度优化、完善教学内容体系，改变现有课程教学中过分重视记忆性、陈述性、事实性和确定性的内容，改变忽视不确定性、前沿性的内容，改变忽视策略性、原理性、创造性和发展性的教学，通过改变这种对学生智力发展缺乏刺激性、挑战性以及学习兴趣的教学内容，从而解决难以培养学生创新实践能力等问题，实现让最新科研成果引导课堂教学，通过掌握最新科技和学术发展的前沿动态、发展趋势和最新方法，把科研成果转化为教学内容，构建科研反哺教学的长效机制。在课程学习考核上，以注意转变传统应试教育中依靠最后一次试卷测试进行学生学习评断的方法，而应加强平常的作业和小测试，引导学生必须重视平常的课程学习。在课内与课外关系上，现有的课程体系很少考虑第二课堂。实际上，第一课堂与第二课堂的有机结合，往往可以发挥更好的育人功能。特别对于实践类课程，第二课堂尤为重要。因此，学校也应注意加强对第二课堂的开发。

进行课程体系创新，还要注意持续推进课程建设。要通过持续推进课程建设，构建一个基础厚实、开放度高、选择性大的学校课程教学体系，帮助学生掌握扎实的基础知识和养成良好的创新思维。

二、培养创新教师

实践证明，只有懂得创新且善于创新的高水平教师，才能教出勇于创新、能够创新的高素质学生。因此，要进行高素质创新型人才培养，也需要培养创新型教师。具体来看，培养创新型教师可从以下几个方面入手。

(一) 引进高层次人才

中国有句良言隽语：严家出好儿，严师出高徒。美国也流行一句口头禅：有好的教师才会有好的大学。大学需要的是大师而不是高楼大厦。因此，招聘、引进优秀教师以及评定终身教授，可以说是高校教师队伍建设的重要内容。美国哈佛大学之所以成为世界著名大学，其成功的一个至关重要的因素，就是大量聘请高水平、高素质教师，这也是美国大学提高自身影响力与竞争力的普遍做法。因此，大学要想在较短的时间内提升办学水平，引进人才是比较好的举措。

（二）培养留住人才

大学要想得以持久的发展，必须注重人才培养并留住人才，做到这一点的关键就是给予他们更为广阔的事业发展机会与空间和实现价值的舞台，采取的措施可以通过理想的引导、事业的支持和生活的关心。此外，特别要注重加强青年教师的培养，协调好“用与养”的关系，“用”就是压担子，这里所指的压担子，不是简单地增加工作量，更不是将其当作劳动力，哪里缺哪里填，而是根据其所长合理安排工作岗位；“养”就是为其可持续发展、自我提升提供帮助，创造公平、公正的竞争平台，最大限度地激发年轻人的朝气与潜能。①

（三）创新人事管理制度

很多第一线教师都很困惑，即使在同一所学校里，无论是评价标准还是评定岗位都并没有一个分类管理评价的体系，多采用的还是传统的一刀切的评价制度和管理办法，这对于教师创新性、积极性的发挥是十分不利的。因此，学校必须创新人事制度，推进实施分类管理评价，让每一类教师有明晰、可预期的发展空间，让每一类教职员工都感到自己的努力是有盼头的，发展也是有希望的，目标驱动竞争精神，营造奋发向上工作氛围，只有这样，才能更好激励所有员工的主观能动性，为希望而努力奋斗。

创新人事管理制度需要关注的一点就是要尽量避免“近亲繁殖”的“基因遗传链”的教师队伍，应吸收众家之长，兼容并包。为规避这种“土壤”的滋长，在优化、完善师资队伍结构时实行比例分配制，即本校、国内其他大学与国外留学背景的教师按“三三三”比例搭配，这是一个比较适当的结构比例。

---

① 刘道玉.论大学教师队伍的建设[J].武汉科技大学学报(社会科学版)，2014(02)：117—122.

(四)依托科研平台、科研项目

创新人才培养必须落实到科研活动中,否则总会缺少支撑。建立科教结合协同育人机制,加强产学研平台建设,在拔尖创新人才培养过程中充分发挥高水平科研平台、优秀科研团队和好的科研项目的支撑作用。高校要对学生进行有针对性的科研锻炼,通过开放专业实验室,安排指导教师,鼓励学生参与教师科研项目,培养创新思维、创新能力和科研能力。通过营造创新校园氛围,鼓励学生独立思考、敢于质疑、潜心探索、自由表达,激励学生树立不畏艰难、左手温暖右手、勇于创新、敢于尝试的精神品格。

“大众创业”高潮下的创业型人才培养

21世纪是创新的时代，知识的社会。知识经济给社会带来了巨大变革。知识产业化、信息产业化的飞速发展，不仅带来了严峻的挑战，也提供了更多的发展机遇。在这样的环境下，传统的以就业和择业为目标的人才培养模式显然是不适合社会发展趋势的，因此我国提出“大众创业、万众创新”的号召。在这一号召下，对创业型人才的培养也成为我国人才培养的一个重要方向。

第一节 “大众创业”的时代背景与政府支持大众创业政策体系研究

2014年9月10日天津夏季达沃斯论坛，国务院总理李克强在大会开幕式致辞中提出：只要大力破除对个体和企业创新的种种束缚，形成“人人创新、万众创新”的新局面，中国发展就能再上新水平。[①] “大众创业、万众创新”引发了公众关注，并成为推动中国经济发展的重要引擎。

进入21世纪后的最初十几年，受世界整体经济疲软、经济复苏乏力的影

① 张坤. 怎样形成“万众创新”的好局面[J]. 中国高新区，2015(1).

响，中国经济虽然在强大的内需支持下保持着较好的增长势头，但面临转型之困，再加上长期以来的“中国制造”中低端山寨风气的影响，中国经济在世界经济链条中长期居于产业链条和价值链条的最底端，获得的市场份额与其高额的劳动并不匹配。

当下，要想转变我国经济发展过程中存在的问题必须寻找一个新型发展动能，这就是万众创新、大众创业。创新创业本身就是通过及时发现与把握商机，通过创建新型企业，优化企业组织结构，筹集并配置好各种资源，向市场植入新产品、新服务，从而实现企业经济与社会价值。可以说，鼓励大众创业不仅有助于实现自我价值，也有助于提供新职业岗位解决就业问题，也有助于创造产值，促进社会经济发展。从这一点来看，大众创业是促进我国社会、经济稳定发展的一个重要手段。

为了推动大众创业的发展，国家先后制定了一系列创业扶持政策。考虑到创业型人才培养的重要基地便是高校，因此这里主要分析一下国家支持大学生创业活动的政策。这些政策主要见于《国务院关于进一步做好新形势下就业创业工作的意见》和《国务院办公厅关于深化高等学校创新创业教育改革的实施意见》等文件中，涉及融资、开业、税收、创业培训、创业指导等诸多方面的内容。具体来看，国家及各省市出台的有关大学生创业的政策主要围绕以下五个方面。

第一，创新创业教育。国家和各省市出台政策支持创业，同时大力倡导各级高校开展创新创业教育，开设创新创业教育课程，开展创新创业活动，营造良好的校园氛围，并要求根据大学生实际需求，开展形式多样的创新创业培训，提高创业意识，提升创新创业能力。

第二，创业引领。总体上来看，国家有关创业的政策都是在发挥这一作用，即通过提供优质的创业服务、落实创业扶持政策等，帮助和扶持更多的大学生开展自主创业。

第三，场地支持。国家和各省市的创业政策中还有一部分是利用现有资源建设大学生创业园、大学生创业孵化基地等，为其创业提供场地支持。

第四，创业服务。为了更好地推动大学生创业，国家和各省市均制定了一系列的创业服务政策，为从事自主创业的大学生在人事代理、档案保管、职称评定、社会保险办理等方面提供服务和支持。

第五，融资环境营造。为解决大学生自主创业时最常见的资金筹集问题，国家和各省市制定了一系列政策，鼓励企业、行业协会、天使投资人、群体组织等以多种方式向自主创业的大学生提供资金支持。

第二节 创业型人才培养的社会需求分析

一、社会需要创业

作为人口大国，保障就业是中国政府的首要关注问题。党的十八大明确提出，就业是民生之本，要推动高质量的就业，就需要鼓励多种形式的就业。而创业作为就业的一种有效手段，能为社会提供更多的职业岗位，缓解严峻的就业形势，因此，在当前社会环境下，创业是推动社会经济发展与国家解决就业问题的一个重要举措。

创业不仅是我国解决就业问题的一个重要措施，而且也是我国社会发展内在需求的一个反映。从经济形势来看，目前全球出现的金融危机对我国经济形势的影响不断加深，其负面影响甚至有可能超过十年前的亚洲金融危机。21世纪以来，“80后”“90后”已经全面涌入市场，这批基数十分庞大的人口群体为了生存和发展掀起激烈的竞争，而其竞争若只限于有限的职业岗位中，必然不利于社会的发展与稳定。因此，随着青年群体竞争的日益激烈，不少个体逐渐跳出“选择雇主”的“被雇佣”境遇，转而开始从事自主创业，自己给自己创造职业岗位，增加社会职业岗位数量，解决就业岗位问题。可见，创业是在强烈的社会发展需求推动下得以产生并不断发展的社会活动。

创新创业活动有助于将中国市场融入全球。当今中国已经成为全球吸引外国投资最多的国家之一。相关统计结果显示，世界 500 强中绝大部分在华都有投资项目，投资力度和规模呈现出不断增强的趋势，这与我国推动实施的创业举措息息相关，特别是海归创业者的积极参与，增强了许多跨国公司的在华投资力度，铸造了一批跨国公司在华企业的掌门人，他们熟悉国际化公司运营模式且熟知中西文化，拥有娴熟的语言沟通能力，成为中国与世界经济接轨的桥梁和主力。

二、社会发展对创业者的素质要求

由于创业本身就是社会发展需求的一个体现，而对创业型人才的培养则是推动创业的重要举措，因此，创业型人才培养实际上也是社会需求的反映。这就要求在“大众创业”的时代背景下，根据市场需求的特点做好创业型人才的培养。具体来看，根据对市场需求的分析，对创业型人才的培养应注意以下几个方面。

第一，创业意识。成功创业，创业成功，需要一个人具有超前的创业意识，成功永远垂青于有准备的人。面对当今信息经济时代，只有具备了一定的创业意识才能更好地走上创业之路。要想取得创业成功，必须拥有创业型人才所应具备的自我实现以及追求成功的强烈意识。这种创业意识不仅有助于克服荆棘丛生创业道路上的各种困难，始终信守自己的创业信条，并将创业目标作为人生的理想目标。强烈的创业意识是创业型人才必备的良好素养之一，这一点集中表现了创业者的素质，一定程度上支配着创业者的创业活动。对于一名创业型人才应具备的创业意识主要包括商业意识、竞争意识、风险意识、知识更新意识等。

第二，创新思维。一般而言，具有强烈创新思维的人，才能产生强烈的创业欲望，并逐渐将它转变为创业行动，可以说，创新意识是创业型人才的主要特征之一。对于创业者，只有建立较强的创新意识才能够突破传统的影响，打破旧的思路，提出新的观点，做出新的发展，实现新的超越。具体来看，这种创新思维意识主要包括：能够调动全体员工积极创新，做员工创新的倡导者和激励者；根据社会发展与市场需求，能够不断优化调整经营策略，推出新产品，满足消费者需求，使企业核心产品或服务始终处于同行竞争中的领先地位；在企业组织与管理方面不断创新管理模式，以新的管理理念积极推动形成一种崭新的组织文化，既而推动企业的全面创新。

第三，综合知识。面临知识大爆炸且充满激烈竞争的今天，仅仅依靠勇气、热情、经验或结构单一的专业知识获取成功创业是相当困难的。作为一名高素质的创业型人才必须具有创造性思维，只有这样才能对纷繁复杂、瞬息万变的市场做出正确决策，要想做到这一点必须掌握广博的知识，必须拥有一专多能的知识结构。因此，对于走进市场浪潮中的创业型人才而言，要想成为弄潮的能手，还需要具备较强的综合知识。这些知识主要包括从事某一专业或职业所必须具备的专业知识；提高营销管理水平的知识；用法律维护自己的合法权益的知识；掌握与本行业、本企业相关的科学技术知识；市场经济方面的知识等。

第四，创业能力。能力是在知识基础上的综合运用，是在“应知”基础上的“应会”。知识只有会使用了，转换成能力了，才是有用的知识。因此，在掌握了综合知识的基础上，创业型人才还应具备创业能力，即具备将所具有的综合知识转化为创业行动的能力。从创业能力的形成来看，它不是通过遗传得到的，也不是靠单纯的专业学习获得的，而是在后天的学习培养和社会实践双重作用下逐步养成的。从当前社会对创业型人才的需求来看，要想成为一名合格的创业型人才，其具备的创业能力主要包括专业技术能力、经营管理能力、创新能力、市场判断能力、把握商机能力、决策能力、协调人际关系能力等。

第三节 国外创业型人才培养模式分析

一、美国创业型人才培养模式

美国的创新创业教育始于1947年，哈佛大学商学院教授迈尔斯·梅斯创设了一门创业课程——“新企业管理”。从某种角度而言，该课程虽然讲授企业经营管理方面的知识，但对创业型人才培养起到了导向作用。美国非常重视创新创业型人才培养，形成了相当完备的教育体系，在大学本科、研究生教育中至少开设一门创业类课程。事实证明，美国最优秀的高新技术企业主和股市专家中绝大多数接受过创新创业教育。

美国高校创新创业教育起步比较早，这对培养创业型人才起到了相当大的促进作用，而且在组织机构、课程建设、师资建设等方面形成了自身的特色。

第一，完备、成熟的创新创业教育课程体系。绝大多数美国高等院校重视创新创业教育活动，并都将创业作为一个专业领域进行研究并大力发展，建成了系统、完备的教学体系。以美国百森商学院为例，相当多的教师专门从事创新创业教育与研究，开设了三十门左右创新创业教育类课程。此外，该校设计的创业课程教学大纲、独一无二的外延拓展计划以及共同资助的世界最著名的创业学术研究会，不仅有效地支撑创新创业教育顺利实施，而且其倡导的创业精神培养模式享誉全球。

第二，注重培养企业家精神。创业精神备受美国人青睐。许多美国人认为就业是给雇主打工，这是一种被动的就业行为。创新创业教育主要就是让学生转变就业观念，建立给他人打工不如给自己打工的主动择业意识，鼓励学生将创业作为自己职业首选。纵观美国的经济发展历程中诸多成功的企业家，大凡具备强烈的企业家精神，致使社会舆论也十分推崇企业家精神。与之相适应，创新创业教育将企业家精神培养作为课程教学的核心教育理念。

第三,建立多样的教育组织机构。美国注重建立包括高校创业中心、创业家协会、创业研究会、家庭企业研究所、创业智囊团等形式多样的组织机构,实施高校、企业与社区相互配合的创新创业教育活动。

高校创业中心主要负责制订创新创业教育课程计划,组织创业教学,开展相关研究与实施外延拓展活动。教育课程计划设置大致划分为公共选修课、本科生创业教育课、研究生创业教育课;教育研究主要举办创业研究会议、出版研究期刊和课题研究;创新创业教育外延拓展计划一般包括创业孵化器、创业科技园、小企业开发中心、创业者俱乐部、创业校友联合会和风险投资机构等。创业研究会主要是为创业研究者提供一个沟通交流机会,并及时将会议交流论文以及相关信息索引、文摘进行公布,每年召开一次。创业家协会一般由不同领域的杰出创业企业家组成,开展专题讲座并参与教学,同时为创业中心提供资金和各种捐助。家庭企业研究所主要目的是帮助家庭企业快速成长以及企业传承,采取的形式有组织家庭企业研讨会、开设家庭企业系列讲座和颁发杰出家庭企业奖等。创业智囊团的组成一般包括创业企业家、企业高管和社会知名人士,主要职责:一是为高校创新创业教育提供咨询指导,为实施模拟创业的大学生解答疑难问题,指导创业计划撰写,传授实践方面的操作方法;二是为高校创新创业教育、大学生创业实践提供机会、场地与资金;三是承担创新创业教育相关课程,亲身传授创业知识、技能与操作流程技巧。

第四,高素质创新创业教育专兼职教师队伍。创新创业教育关键要有一支高素质教师队伍,这是有效推动创业教育的基础。美国高校十分重视师资队伍建设,一是鼓励和选派教师从事创业活动,亲身体验创业实践过程。美国许多大学商学院的教授基本上都有过创业的实践经历,曾经或现在担任一些企业的外部董事,这种亲身实践能够让他们更好地洞察创业领域发展趋势、人才需求以及把握创新创业教育的实质与内涵,此外学校还针对教师开展创业实践体验活动。创业实践体验主要采取全真环境模仿实训,譬如让教师组成创业团队,从寻找商机、店面设计、地点选择、商店取名、商讨商业计划、判断销售目标、讨论预算、广告开发等这种根植于全真环境下的创业活动中体验、感受创业过程，积累创业技巧与经验。二是聘任社会上既有创业经验又有一定学术背景的资深人士兼职创业教学和研究工作。斯坦福大学商学院从1991年开始聘任英特尔公司前首席执行官和董事长安迪·格鲁夫(Andrew S. Grove)担任创业兼职讲师，每年秋季学期讲授1—2门课程。高校聘任兼职教师能够加快促进学校与企业的有效接轨，这些兼职教师的授课也更容易让大学生获取鲜活的创业知识，拓展创业思维，掌握实操技巧，极大地丰富了课堂教学内容。①

二、英国创业型人才培养模式

英国作为继美国之后较早开始进行创业型人才培养的国家，自确立创新创业教育的指导思想之后，相继出台了相关法规，为全面开展创新创业教育提供了政策保障。为确保创新创业教育的有效实施，学校设立创业基金会，大力资助学生创新创业活动，诸如设立高等教育创新基金、科学创业挑战基金和新创业奖学金。为确保执行效果，将其与相关的国家机关组织结构相联系，并在参照美国创新创业教育中心建构模式基础上逐渐形成了自己独具特色的优异中心，譬如白玫瑰创业优异中心，在提供教学改革的同时还对学生学习商业项目开发进行支持和帮助。

根据英国高等教育质量保证机构(QAA)颁发的“英国高等创新创业教育指南”，对创新创业教育里两个略有区别又密切联系的概念，即创业素质教育和创业实践教育进行了内涵定义，创业素质教育致力于开发人体潜能，培养创业意识、创业心态和创业技能，培养学生的企业家人格特质、创业行动等创业者基本素质，以便他们在识别需求的基础上产生创意并能付诸实践，在此

① 李娅娌.美国高校创业教育研究——以斯坦福大学商学院创业教育实践为例[D].北京：首都师范大学，2008.

基础上，后者侧重如何应对创业实践中遇到的情况以及解决问题的能力。绝大多数英国大学都贯彻了这一教育思想，实施以创业素质教育与创业实践教育相结合的形式培养创业型人才，诸如考文垂大学构建实施的创新创业教育、创业孵化、科技园创业实践三阶段培养模式，蒂赛德大学实施的创业行为开发、创业能力提升、“作茧”、创业孵化四阶段培养模式，获取了良好的教育效果，大幅度提升人才培养质量。

英国大学教师大多拥有自己的企业，能够让学生参与真实的创业活动，促使学生获得鲜活的创业经验。在英国，提升创新创业教育水平的途径除了课程教学之外，还有一点值得借鉴的做法就是给予学生贴近实际的创业指导，也就是高校联合建立专门服务于全国大学生的创业网络，提供创业计划、创业案例大事列表等资源来支持、帮助大学生创业。学生创业协会要定期举办创业交流活动，分享创业经验，帮助创业群体解除一些创业过程中的困惑，既而增强大学生的创业认同感。还有，诸如政府、企业和传媒等也都关心学生创新创业教育，为学生创业活动提供助力，例如英国首相创新计划专门拨巨资协助高校开展创新创业教育工作，经过长期的建设与发展，英国业已形成了一个完整的教学研究体系和创新创业教育社会体系。

从英国高校培养创业型人才体系的经验来看，高校实施创新创业教育，首先要理解其教育内涵与师资，建立开阔的教学理念；其次是将学校、企业与国家视为创新创业教育的共同主体，要广泛借助外界的社会力量，为学生提供更为有效的体验创业的机会。只有这样，才能获取更为有效的教育效能，培养社会需要的创新创业型人才。

三、日本创业型人才培养模式

日本的创新创业教育始于20世纪90年代，经过几十年的研究与实践，逐步形成了比较完整的体系，构建了凸显本土化的教育模式。同时借鉴美国高校创新创业教育模式，汲取欧洲高校创新创业教育精髓，建立了“以创业精神培养”为主线的新教育理念，通过创业课程教学和创业实践活动着力激发学生创业意识，培训创业技能，提高综合素质能力。

创新推动创业，日本的创新创业教育起步于创新教育，其目的是想通过“模仿改造型”创新激发起国家整体创新力。通过世界发达国家在创新创业教育所取得的成效，他们充分认识到了创新创业教育的重要性，日本政府大力倡导创新，鼓励创业，并在高校推动实施创新创业教育。日本创新创业教育也被称为企业家教育，初期虽然没有明确提出创新教育，但其推行的系列政策无不凸显了创新教育特性，如 1998 年颁布的《大学技术转移法》，从法律层面为高校科技成果转化提供了保障。这种注重科研成果转化与科学技术创新，从某种意义上来看，即为本文概念框架下的创新创业教育。

日本的创新创业教育的内涵定义：其一，头脑思维教育，包括创业精神、创业意识、挑战精神、拼搏勇气的培养；其二，创新创业素质教育，包括创新力、创造力、信息收集能力、逻辑思维能力、企业策划能力、行动决断力、社会交往能力、自我表现能力、解决问题能力等；其三，创业技能教育，包括经济活动的策划组织、商业买卖体验以及创业者知识方面的教育。

日本创新创业教育核心是培养企业家精神和创业技能，推动实施了以大学创新创业课程、大学风险企业和岗位实习实训为载体的教育模式。日本以大学风险企业创设为突破口，创新创业教育平台整顿学校环境，注重培养企业家的三维教育体系，在此理论框架下搭建学校创新创业教育、校园空间、服务网络、数据资源库及网络信息五个辅助系统，在实操顺序上不分时间先后，平行发挥各子系统的作用。

国外创新创业教育源于起步较早的高校创业教育理论研究，助推建立起较为完善、成熟的教育体系，目标定位明确，操作运行模式成熟，评价标准体系完备，而且理论与实际紧密相连，根植于理论研究成果之上的创业实践活动获得良好的培养效果。

第四节 制约我国创业型人才培养的障碍

与发达国家相比，我国的创业型人才培养显得十分薄弱，不仅兴起时间比国外晚了几十年，而且在发展阶段与普及程度上，相比国外第三阶段的专业与学位教育，仅进入初级的商业教育阶段，且这一教育模式仅在试点高校中进行。可以说，我国在创业型人才培养上还需要进一步的发展。而要推动我国创业型人才培养的发展，就需要了解制约我国创业型人才培养发展的障碍有哪些，在了解了这些障碍以后，才能在创业型人才培养的过程中，采取合理措施避开这些障碍。具体来看，制约我国创业型人才培养的障碍主要有以下几个方面。①

一、功利性的创新创业教育观念

多年来，国家大力倡导创业，许多专家、学者和教授也都呼吁学校与人才培养机构实施创新创业教育，但从我国的普遍情况来看，创新创业教育的重要性不管是在高等教育领域还是社会教育领域，都没有形成充分的、理性的认识。就连创新创业教育的基础机构——大学，对创新创业教育的动机及其目的认识还停留在“感性的功利”层面。

相关研究结果显示，大学生普遍认为创业活动就是开展“实质性的经营活动”和“一般性的社会实践活动”，这占被调查对象的80%；此外，高校设立的创业指导中心，其主要工作就是进行创业项目评价与创业团队扶植；高校工商管理专业开设的“创业学”课程，旨在培养职业经理而不是培养“创业者”，诸多的家长也都期望学校要把学子们培养成“白领”一族。这种对创新

---

① 齐文勃．我国高校创业教育现状分析及对策研究[D]．大连：大连理工大学，2008．

创业教育的理解，使得当前高校开展的创业活动往往驻留在创造财富和经济利润的功利性层面，并没有真正理解创新创业教育的内涵核心，也没有将这种教育上升到以社会责任为己任来开创事业的理性层面与价值高度。

如何有效改变这种滞后的局面？那就是要转变思想、提升认识和付诸行动。创新创业教育的目的是如何使受教育者能够在社会经济、文化等领域内进行行为创新，拓展新的发展空间，开辟事业发展方向，并为社会和他人提供更多探索性行为的教育活动。其核心与内涵是培养人的创新性思维、创造性技能和创业性能力的活动。这种创新性、创造性和创业性能力首先要在人文精神的熏陶和专业知识的激发下才能生成，这不仅仅是某一种技能的训练教育。为此，我国实施创新创业教育不能只是停留在传授创业技能这个功利性层面上，需要加大对大学创新创业教育的价值观念与教学理念的研究、深度梳理与推广应用，从教育规律与社会人才需求上，理顺人格素质培养、综合能力教育和知识技能掌握三者之间的逻辑关系。

二、缺位的创业实验实践课程体系

目前，高校创新创业教育课程体系呈现出单一性、趋同性特点，难以达到社会对创业人才的能力素质要求。单一性表现为注重创业技能培养，缺乏从观念认识、心理素质和事业价值观上的引导与教育；趋同性表现为重视创业精神与心理素质的培养，并与管理学、经济学、社会学知识相结合，侧重强调创业实务知识与创业典型案例的分析与讲授。略有不同的差异在于是否关注并探讨了创新创业教育与人才学、成功学、创造学、环境学、哲学、法学等学科知识的融合与交叉。

从理论层面而言，科学往往蕴含一个体系，而一个称之为体系的知识系统，需要满足三个基本条件：系统的逻辑性、系统的协调性和系统的完备性。由此可以说，大学创新创业教育构建的课程体系只有满足了这三个基本条件，才能够实现体系运行效果。

创业型人才培养课程是因社会需要而产生的一个新学科。该知识体系与课程体系要分析社会需求，确定创业型人才培养的目标，制定创业型人才培养的规划和程序，开发创业型人才培养课程。当前，首先，要解决普及性的创新创业教育体系问题。在普及性的创新创业教育体系中，创业实验和实践课程体系是一个突出的问题，创业活动不仅需要一定的理论知识，更需要掌握一定的经验、技能，这就要求创业型人才培养重视实验、实践课程的教育，改进教学方式，完善教学手段。其次要针对培养对象加强创新创业教育与专业教育的融合，开发一些岗位创业与专业创业相结合的教学内容，实现就业教育向创新创业教育的转变。

三、囿于创业管理的创业学教育

目前我国高校开设的“创业学”课程，普遍采用国外创新创业教育中的核心课程，如中小企业创业管理课程等。同时，参照美国杰弗利·蒂蒙斯和小斯蒂芬·斯皮内利合著的《创业学》，从商机选择、创业者与团队组成、社会资源与商业计划、创业资金与融资、企业建立与运营、企业财务、核算与清算等方面编写教材，选择讲授内容。主要代表性的学校有清华大学、南开大学和中欧国际工商学院等。当然课程中也渗透了当代管理学之父彼得·F. 德鲁克的《创新与创业精神》的相关内容，但从创新创业教育的精髓“创业精神”的教育来看，并没有完全内化到全过程教育中，基本上仍停留在专题讲座、创业动员等浅层次活动，未能真正实质性地纳入课程体系，将其视为一门课程来讲解。

创新创业教育区别于学历教育，可以说是一种新型的教育理念，是能力素质培养的教育载体，姑且可将其视为一门激发潜能与培养能力的应用性学科。培养创业型人才不仅需要与之相匹配的知识体系，还需要一个完善、系统的教育模式，特别要加强专业教育与创新创业教育二者的融合与渗透，用一种新的教育理念培养、提高学生专业创业与岗位创业的综合能力。①

第五节 创业胜任力模型的构建与创业型人才培养模式分析

一、创业胜任力模型的构建

根据目前国内外创业胜任力模型研究，孙波等人将大学生创业胜任力主要归纳为三个维度：创业知识、创业素质和创业技能，如图 3-1 所示。

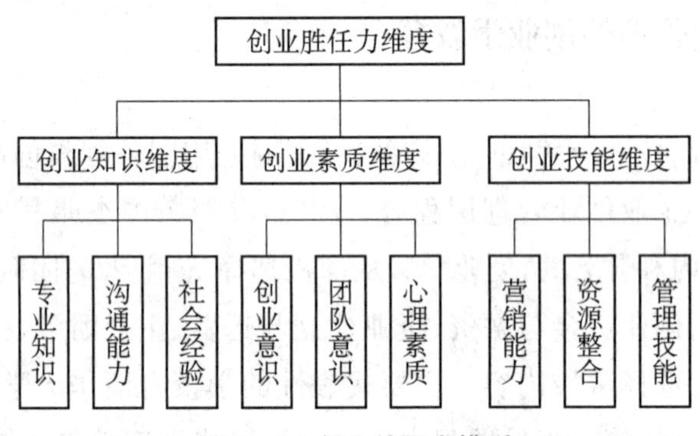

图 3-1 创业胜任力模型

创业知识维度：一是专业知识结构。作为一名创业者，需要深厚的专业知识作为基础，同时还要掌握一些诸如经济、管理、金融、法律以及自然科学领域方面的知识，这对从事创业活动具有相当大的益处。二是交往与协调人际关系能力。良好的交流交往能力将有助于建立和谐的合作关系，营造融洽的合作环境。三是社会经验。需要通过不同的手段广泛接触岗位，并从成功与失败的过程中积累经验教训，丰富社会经验，提高驾驭资源的能力。

① 李楚英，王满四．美国大学创业教育模式及与中国比较[J]．高等农业教育，2010(02)：1—3.

创业素质维度：一是创业意识。主要指创业精神引导下所形成的参与创新创业实践活动的心态观念与意志品质，表现为参与活动的兴趣、积极性与执着态度。二是团队意识。指创业团队成员能够相互协调，在经营策略、操作手法与运作模式等方面能够默契配合，能够为共同的目标求大同存小异，战胜困难。三是创业心理素质。指创业者体现气质、性格、情感以及把控自我意识、自我情绪、自我行动的能力与素质。面对残酷的市场竞争，需要不断磨炼心理素质。

创业技能维度：一是市场洞察力和营销能力。能够在纷繁复杂、变化莫测的市场中把握商机，根据既定计划实施营销，进而赢得市场。二是资源整合能力。资源包括物质资源、人力资源及其他资源，作为一名创业者能够有效地整合与发挥资源条件，合理运用资源以获得最大的产出效能。三是管理技能。指的是经营与管理能力，一名成功创业者需要具备一定的经济学知识功底以及应用学管理技能，通过科学的管理逐渐建立凸显公司特点、企业文化的管理模式。

在对以上创业胜任力特征进行分析的基础上，对搜索到的大量相关文献进行归纳、整理和筛选，并从创业特质、创业意识、创业知识、创业能力四个维度进行分类，创新创业型人才胜任力要素包含 36 项（见表 3－1）。[①]

表 3－1 创新创业型人才胜任力要素分类

维度划分	胜任力因子	要素内容描述
创业特质	个性品质	人格魅力、个人胆识、积极心态
	心理素质	耐挫能力、吃苦耐劳、意志坚定、自信心理
	团队协作	沟通协调能力、合作意识
创业意识	创业观念	创业精神、创业意愿、丰富想象力
	创业动机	浓厚兴趣、冒险精神、成功欲望

① 刘利萍. 提升大学生创业胜任力的路径研究——以南京市为例[D]. 南京：南京财经大学，2013.

续 表

维度划分	胜任力因子	要素内容描述
创业知识	社会经验	知晓社会常识、实践阅历、社会经验
	专业知识	专业技术知识、计算机知识、法律常识
创业能力	经营管理能力	识人用人能力、计划组织能力、学习习惯能力、资金运作能力、客户服务能力
	市场把握能力	市场洞察力、积极竞争意识、市场营销能力、承担风险意识
	经营决策能力	寻找发现商机、整合资源能力、果断决策能力
	人际关系能力	坦荡胸怀、社会交往能力、公关能力

二、我国创业型人才培养的主要模式

总体来看，我国对创业型人才的培养主要是通过以高等院校为试点的创新创业教育的模式来展开的。而在具体的人才培养过程中，诸多高校依托学校教育资源积极开展创新创业教育，形成了彰显特色、各具风格的培养模式，主要形成了以下三种模式。

（一）构建实体化、职能化的创新创业教育教学机构，进行创业型人才的培养

黑龙江大学最具有代表性。成立创新创业教育领导小组、协调委员会、教育顾问团、教育专家组，成立二级教育学院，设立教育中心与教育试点单位，全面推进创新创业教育工作。学校推动学分制改革，设立创业教育学分，实施选课制与开放式教学课，建立学业导师制，开展读书工程和创新工程，以此带动学校的教育教学改革。专业教学方面，以培养学生综合素质为基础，建立创业教育课程群和教学资源库。创业实践方面，建立大学生创业园区，设立创业种子基金，建立科研课题与成果评奖制度，鼓励组建创业团队，开展学术科技竞赛，推进实施与企业合作的实践教学计划。

（二）构建第一课堂与第二课堂相结合的教学模式，进行创业型人才的培养

中国人民大学最具有代表性。调整第一课堂教学方案，扩大创业选修课比例，增加企业家精神、创业管理、风险投资等课程，通过拓展自主选课空间促进个性发展，以激发学生创新思维为导向，实施参与式教学方法，注重思维创新能力考核，改革考试手段。积极开展第二课堂创新创业活动，举行创新创业教育讲座和各种创新创业竞赛，鼓励学生参加各种社会实践与社会公益活动，逐渐形成了以专业为依托、以项目为引导、以社团为载体的创新创业教育实践教学体系。

（三）构建以创新为核心的综合式创新创业教育模式，进行创业型人才的培养

武汉大学最具有代表性。坚持以创新教育、创造教育、创业教育为教学理念，以创新精神、创造意识和创业能力为培养目标。具体是将学生分为三类进行因材施教：其一，对专业功底扎实、具有超凡智力的学生实施创造教育，着重培养创造精神和创造能力，鼓励探索新思路、新知识和新技术，为未来进行突破性的重大项目研究奠定基础。其二，对知识基础和自身素质相对较低的学生实施创新教育，侧重培养创新精神和创新能力，使其能够顺应时代变革，结合条件变化对现有事物进行大胆革新。其三，对具有领导管理才能与气质且开拓意识强的学生实施创新创业教育，积极引导他们参与社会实践，广泛接触社会，了解行业发展，着重培养创业精神和创业能力，为未来参与市场竞争、开创新事业奠定基础，做好准备。总之，武汉大学实施创新创业教育主要是围绕一个“创”字，通过理论学习、实践训练、课堂教学、课外活动、创造设计、创新尝试等多样化的培养模式，以及讲授、自学、讨论、交流、研究等形式多样的教学手段，着力加强学生的科学研究素养、创新设计能力、创业实践技能、完美人格魅力、复合知识结构、综合能力素质、创新创

造创业精神教育。[①]

第六节 创业型人才培养路径的优化

考虑到中国创业型人才培养多在高等教育中得以施行，因此，本节对创业型人才培养路径优化也主要站在高等教育中的创新创业教育的基础上予以分析。具体来看，进行创业型人才培养路径的优化可从以下两个方面入手。

一、创新创业型人才培养体系

当前，创新创业教育已受到重视并普及开展。通过创新创业教育，可掌握一些基本的创业知识；通过创业活动，可提高自身创业特质和创业能力，并接受有针对性的锻炼。可以说，高校的创新创业教育业已成为大学生提高自身创业素质的有效途径。

然而，由于各方面因素的影响，一些高校管理者对创新创业教育的认知还存在偏差，对创新创业教育的认识还停留在浅层次的水平，认为创新创业教育就是对学生实施一些择业技巧、择业心理、形势与政策分析等方面的指导。学生创业能力素质的培养教育已然未引起足够的重视，更谈不上建立一个完善的创业型人才培养体系。获取良好的人才培养效果的首要任务是建立、健全创新创业教育体系。要想做到这一点，必须逐步梳理、完善流程因素、规避一些制约因素。目前，一些高校管理者、学生自身以及家庭对创新创业教育的认知存有偏差，在发挥学生主观能动性、激发学生创造性潜能、因势利导地实施个性教育上存在欠缺；大学生择业和创业观念不成熟，认为创业是找不到工作的无奈选择，认为创新创业教育是对少数学习成绩优异、创新

① 佟擘. 我国高校大学生创业教育现状分析及对策研究[D]. 北京：中国地质大学，2009.

能力较强的学生的教育;绝大多数家长认为孩子毕业后能够进入国家机关、事业单位工作是首选,对自主创业既不鼓励,也没有很高的期望值,另外对于相当一部分来自农村家庭或城镇低薪家庭的学生来说,读完大学已属不易,家庭也没有更多的资金来支持孩子进行创业。受以上因素的影响,即使我国在高校内开设了相关的创新创业教育课程,但由于认知上的差异,导致创新创业教育难以起到应有的教育效能。因此,高校应注意建立和完善创新创业教育体系。这一体系不仅应包括课程式的,还应包括非课程式的,如创业竞赛或创业实践等,以鼓励大学生在不断增强创业基本理论素养的同时,更多地开展各类创业实践活动,培养自身的创业技能。

二、营造良好的创新创业文化氛围

我国当前的创业型人才培养存在的一个重要问题就是创新创业教育的文化氛围不够浓厚。这一问题主要表现在两个方面:一是缺乏浓厚的校园创业文化氛围。国内高校校园尚未形成浓郁的创业文化氛围,学生无法在求知求学期间感受到一种探索创新、不畏困难的创新创业气氛,甚至可能会出现平庸、虚度年华的倾向。二是缺乏良好的社会创业环境。政策支持创业,媒体宣传创业,创业成就梦想,但社会尚没有真正形成支持创业的环境氛围,甚至会出现对创业的质疑态度,认为大学生不具备创业的各种资本,加之大学生创业存在高失败率,这些外部环境因素对大学毕业生创业形成较大的负面影响。因此,面对经济发展的新形势、新要求,要想优化我国创业型人才培养路径,也需要营造良好的校园创业环境。具体来说,营造良好的创新创业教育文化可从以下两个方面入手。

(一) 营造良好的校园创业文化

推动创新创业教育持续走向成功的重要前提就是要积极营造一个良好的校园创业文化,这是培养创业型人才的重要推动力量。要想营造良好的校园创业文化，可从以下三个方面入手。

第一，校园内常态化地开展创业讲座、报告、竞赛，通过鲜活的案例与频繁的创业活动，激发创业热情，拓宽知识视野，引导实践训练，提高大学生创业技能。

第二，利用各类宣传工具积极、主动、灵活地向大学生宣传创业，让他们科学、合理地认识创业，加强国家对创业型人才需求的紧迫性的了解，加强对国家和地方各类创业扶持政策的了解。

第三，建立各类创业激励制度，如对在创造发明、学科竞赛、技术开发、国际交流等方面获得较好成绩的学生，给予一定的奖励学分或奖励政策。此外，高校也可以专设有关创新创业方面的奖学金，一旦学生在这些方面有所作为，便对其予以奖励。

（二）营造良好的社会创业文化

创业文化不单单要在校园内建立，社会创业文化将更能够激发创业行为。为此，实施创新创业教育，营造创新创业文化，需要学校、社会、政府的共同努力。营造社会创业文化可从以下几个方面入手。

第一，加大鼓励创业相关政策的落地生根。从国外实施创业教育、培养创业型人才的经验可以看出，政策是推动创业的重要保障，它能够解决创业者在创业过程中的一系列问题，如场地、资金、税收等。我国虽然已经制定了一系列推动创业的政策，但并未形成会对大学生创业产生很大帮助的特殊政策，且在政策的实施上还存在相关部门相互推诿、落实不到位的问题，因此国家应注意加强各部门的沟通与协调，建立体系化的法律法规，支持大学生的自主创业。

第二，加大媒体、报纸、杂志的宣传力度，贴近实际，宣扬自主创业成功典型及其创业经验，同时也不避讳失败案例的典型分析，建立“敢于创业”的必胜信念，进行“理性创业”的实操行为。

第三，加大对创业政策法规、社会环境的完善，加大对创业实践者、科研突出者的奖励，积极营造一种鼓励创新、勉励创业、崇尚人才的社会氛围，让大学生从心理上感受到创业是实现个人价值、走向事业成功的一种必然选择。[①]

① 沈静雯. 大学生创业素质教育的实践与对策研究——以Y大学为例[D]. 扬州：扬州大学，2014.

第四章 高校创新创业型体育人才分析及其规划

高校是培养人才的重要基地，对高校创新创业型体育人才进行分析对制定教育规划具有重要的现实意义。本章在对体育人才、创新创业型体育人才内涵界定的基础上，对创新创业型体育人才的社会需求及制约因素、素质构成、选拔、培养以及管理进行具体阐述。

第一节 体育人才与创新创业型体育人才

一、体育人才

（一）体育人才的概念界定

体育人才是指掌握体育知识、技能且具有较高学识水平，能够在体育领域中做出成绩、做出创造性贡献的人。

从体育人才定义来看，概念是“体育人才”，而体育人才的属概念是人，种差是“具有一定体育学识水平和技能，并能在体育领域里作出创造性贡献”。

从体育人才内涵来看，体育人才这一种概念不仅具有人这一基本属性，同时还具备“具有一定体育学识水平和技能，并能在体育领域里作出创造性贡献”这一内涵属性，种概念的内涵要比属概念的内涵多。①

（二）体育人才的特征

具体来讲，体育人才主要表现出以下几个方面的特征。

1. 先进性

一般来讲，体育人才的先进性特征主要表现在两个方面：一方面，体育人才具有超前的思想与观念，其在意识上要比一般人更加先进；另一方面，体育人才掌握了更加广泛的知识，具有比他人更加高超的运动技能。

体育人才所掌握的体育理论知识要比一般人更加专业，而且也更为丰富。同时，体育人才常常能够在比赛中取得优异的成绩，领先于他人。体育人才由于具备聪明的头脑与高水平的技能，因此可以更好地服务于社会体育事业，从而满足社会发展对于优秀人才的需要。

2. 竞争性

从某种角度来看，体育人才固有的本质属性就是竞争，优胜劣汰，是体育竞技比赛的规律，也是促进体育事业迅速发展的重要力量。

体育人才的竞争性是由体育比赛所具有的特点决定的，这也是其他人才或非人才不能与之相比的。如果缺少这种竞争精神，那么就很难发展成为体育人才。

3. 创造性

人才的创造能力的具体体现是发现、发明、创新，也是人才特有的本质特征之一。体育人才往往通过先人知识，并以此为基础进行推陈出新，提出新的理论与技术，这是人才的创造性外显。几千年来，体育从萌芽状态发展到

---

① 唐炎，朱维娜.体育人才学[M].重庆：西南师范大学出版社，2006(08).

今天的竞技体育，从人类为了生存而产生的体育活动到运动技艺的不断完善、运动水平的不断提高，无不是人才发现、发明和创造的结果，而激烈的体育竞争更能够培养体育人才的高度创造性。体育人才的创造力强弱由其具备的知识水平与能力素质所决定，换言之，涉猎面越广泛、知识水平越高、头脑思维越开阔与能力越强的人，其创造能力就越能更好发挥，工作也会更高效。

4. 社会性

社会性是在社会中生活的每一个人都具有的属性与特征。作为社会上的杰出者，体育人才同样具有社会性。体育人才的社会性特征最为显著的表现是其服务于自己所属阶级的社会，为自己所属阶级的政治利益作贡献。虽然体育并没有国界之分，但是体育人才是有国界之分的，因此每一位体育人才都应该为自己祖国的体育事业作贡献。

二、创新创业型人才

（一）创新型人才

我国倡导培养创新型与创造型人才起始于20世纪80年代中期，关于这方面的理论与实践研究也得以深化发展，学术理论研究成果层出不穷。但对于创新型人才的内涵界定，学术界一直存在争议。代表性的观点如下。

一些学者认为，创新型人才是指具有创造能力，富于独创性，能够提出新问题、新策略，开创事业新局面，为社会精神文明、物质文明建设作出创造性贡献的人。这类型的人才，一般具有扎实的基础理论知识、丰富的科学文化知识、严谨的工作态度，对未知领域勇于进行探索；同时，具有良好的人格修养以及为追求真理真知而献身的精神和高尚的科学道德。他们继承与弘扬人类优秀文化遗产，是最新科学成果的创造者和传播者，是培养未来科学家的后备力量。

创新型人才是指具有较强创新精神和创新能力的人。另外，创新型人才与技艺型、应用型与理论型等人才类型的划分不是并列的，事实上，不论是哪种类型的人才，皆必须具有创造性。

由此来看，我国教育界主要是从创造潜能、创新精神、创新意识、创新能力等角度阐释创新型人才。创新型人才也就定位为具有创新精神、创新意识且拥有一定的专业知识的人才。①

（二）创业型人才

从社会发展、经济学角度来看，创业型人才是当今社会最需要的人力资源，是指有强烈创业意识，能够承担创业风险，对社会经济发展有敏锐的嗅觉，能够及时发现商业机会，并投入相关知识和技能以及配置相关资源，从而为广大消费者提供产品或服务，为国家、社会和个人创造价值和财富的人才。总的来说，创业型人才应具备：高尚的品格与崇高的理想；高度的责任心与奋斗、奉献精神；与众不同的坚韧性与顽强意志力；承受失败与自我调节情绪控制力；为全社会谋福利的崇高价值观。创业型人才要具有不断学习、敢为人先、与人奋斗、自强不息的精神品质，以及坚实的理论与思想基础。

（三）创新创业型人才的特质

创新创业型人才所特有的特征和品质组成的集合，称为“特质”。对于富有进取精神和事业心的人来讲，在日常生活中不管面临什么样的问题与挑战，他们都能够以积极的态度去面对和处理。对于一个人是否具有进取精神和事业心，可以通过观察其在面对问题时的态度以及处理问题的方法来衡量。

通常来讲，强烈的进取精神和高度的事业心能够给人带来许多益处，同时也有助于使其成为工作场所、团队、家庭里有价值和影响力的人物。可以

---

① 冯士博.浅谈体育人才的类型与结构[J].体育科技文献通报，2007(02)：1—3.

说，进取精神与事业心可以让人获益，积极的生活态度和妥善处理问题的方式会让人既有感召力又略显与众不同，这种态度和方法，使人无论身处何种境地都会理性支配自己的行动，清楚自己该做什么和怎么做，同时也促使人迎接生活中的挑战和困难。一般来说，一个具有较强事业心和进取精神的创新创业型人才，其具备特质如下。

(1) 创业动机：是指创新创业型人才从事创业实践活动的内部动因。创业动机是竭尽全力追求优异成绩和获得最佳效果的心理动力，是产生创业行为的必要条件。

(2) 创业兴趣：是指对于创业实践活动，创新创业型人才在情绪和态度方面的认识指向性。创业兴趣有助于激发创新创业型人才的坚定意志与浓厚兴趣，进而产生创业意识。

(3) 创业理想：对于从事创业实践活动的未来奋斗目标，创新创业型人才具有较为持久和稳定的向往和追求的心理品质。作为人生理想的重要组成部分，创业理想主要是一种事业理想和职业理想，是创业意识的高级形式。只要具备了创业理想，也就基本形成了创业意识。

(4) 工作精力：创业过程中，为了实现既定计划，不仅要面对各种各样的问题和挑战，还必须制定出具体可行的实施措施，这需要付出大量的脑力与体力劳动。为确保旺盛的精力，就需要对大脑以及视觉、触觉、听觉、味觉和嗅觉等感觉器官进行刺激，使这些器官始终保持敏锐，从而为在任何情况下都能确切地知道应该做什么提供保证。

(5) 创业信念：创业者必须具有完成任务的信心、决心和获得成功的欲望。无论你做任何事情，要想获得比较满意的结果就必须采取积极的态度，具有完成任务的把握，这会使人更加努力并积极获取成功。

(6) 任务导向：要想获得满意的回报，就必须很好地执行任务，并按时完成。只有提高工作效率，做好对时间的管理，才能顺利地完成任务。只有关注结果，才能更好地集中精力。

(7) 坚持不懈：创新创业型人才要具备坚持不懈、百折不挠的意志和毅力。在确定目标时，要注意市场的需求和变化，并带领员工战胜逆境，实现目标。创新创业者必须具备持之以恒的进取心，如果知难而退、三心二意，或见异思迁、虎头蛇尾，最终也将一事无成。

(8) 换位思考：要善于换位思考，对待出现的问题与矛盾，采取多角度的立场来处理。也就是说，把自己当做自己，把别人当做自己；把自己当做别人，把别人当做自己。只有这样，身在企业经营中的你就能够体会潜在顾客的想法和感觉。

(9) 足智多谋：作为一名企业领导或部门管理者，也要接受必要的指导，这是企业管理者必备的素质。也就是要善于把控问题，能够对各类资源进行动员与有效利用来顺利完成任务。这一点在任何事业中都是非常重要。

(10) 承担风险：《赢道：成功创业者的28条戒律》中写道：生命最伟大的意义在于冒险、不断的冒险，也在于不断进取。当一个机会出现时，风险肯定也随之而来，只有敢于冒险才能果断抓住机会，而胆子大则是其中的关键。这种特质在转折时刻显得更加突出。

（四）创新创业型人才的特殊能力——创业能力

创新创业型人才所具有的创业能力是一种比较特殊的能力，在创业者的创业过程中，这会对其创业的效率产生影响，同时这一能力也会在一定程度上决定创业者的创业活动能否取得成功。具体来讲，创业能力主要包括以下几个方面的内容。

1. 决策能力

创新创业型人才以自己的主观条件及周围的客观条件为依据，实事求是，对创业过程中的关键要素加以确定的能力就是所谓的决策能力。这里的关键要素主要指的是创业的目标、创业的方向、创业的战略以及创业方案的实施等。创业者的综合能力在一定程度上可以通过其决策能力反映出来。

2. 经营管理能力

经营管理能力是指创新创业型人才对创业资金与创业团队人员进行管理的能力。创业者的经营管理能力具体表现在以下两个方面。

第一,创业者高效聚集资金、准确核算资金、合理分配资金、正确使用资金以及促进资金有序流动的能力。

第二,创业者正确选择创业团队人员、合理使用人员以及对人员进行高效组合和优化的能力。

经营管理能力属于一种综合能力,同时也是一种运筹性能力。要想形成良好的经营管理能力需要多方面进行努力,如学会用人、学会管理、学会理财等。

3. 专业能力

企业内与经营方向有着密切联系的主要岗位或者岗位群所要求的能力,即专业能力。初次创办自己的企业,首先应该从自己熟悉的行业入手来选择项目。同时,创新创业型人才还可以通过借助他人尤其是雇员所具备的知识技能来办好自己的企业。

4. 交往协调能力

对政府部门、新闻媒体、顾客等公众之间的关系进行妥善处理,对下属各部门之间的关系进行有效协调的能力就是创新创业型人才的交往协调能力。创新创业型人才要求同存异,搞好内外团结,从而实现共同、协调地发展,为成功创业奠定良好的基础。

作为一种社会实践能力,交往协调能力需要通过活动来进行学习,并从中积累和总结经验,这种能力从书本上是学不到的。

5. 创新能力

具有进取精神的人所具备的另外一个特征就是创新能力,它能够使人另辟蹊径。不管是在什么样的环境下，通过个人的想象力、直觉、洞察力和主动性可以对一些事情做出改变，并从中探寻找出做事方法。作为创新的基础，首要的是对信息的敏感度，善于对大量信息进行搜集、整理和研究，这对于具有进取精神和事业心的人非常重要。创业要求创新创业型人才一定要有创新视野，同时具备创新思维以及创新能力，能够根据客观情况的变化及时提出新方案、新目标，不断开拓出新局面，并闯出新路子。

简而言之，所谓创新创业型体育人才，就是体育人才和创新创业型人才的有效结合，既具有体育人才的特征，也具有创新创业型人才的素质，还拥有体育相关知识。

第二节　创新创业型体育人才的需求及制约因素

一、创新创业型体育人才的需求

创新创业型体育人才有着多方面的需求。具体来讲，主要包括以下几个方面。

（一）创业意识方面

创业意识是大学毕业生发展成为创新创业型体育人才的一项重要前提，这是创新创业型体育人才必须具备的一项素养。

（二）创业知识方面

这里所说的创业知识主要指的是专业知识。当前，用人单位对于毕业生的专业知识水平往往会做出相应的评价，而创业知识也是创新创业型体育人才应该掌握和不断提高的。

(三) 创业能力方面

1. 科研创新能力

创新在任何发展中都有着非常重要的作用和意义,因此,非常有必要对毕业生的科研创新能力进行分析和研究。高校毕业生只有具备科研创新能力才有可能发展成为创新创业型体育人才。

2. 管理水平

从一般意义上来说,用人单位对于毕业生的管理水平都有着一定程度的期许,较高的管理水平是高校毕业生发展成为创新创业型体育人才的重要条件。

二、创新创业型体育人才的制约因素

人才培养不是一朝一夕的事情。当前,我国对创新创业型体育人才的培养仍然存在着许多制约因素。具体表现在以下几个方面。

(一) 创业学的学科归属不明确

通常来讲,关于"创业学"的学科归属问题,在国外是较为明确的,主要表现为:这是一门隶属于"管理学"或单独的学科或专业。而在我国,"创业学"所承受的压力是多重的,因此其学科归属并不明确。具体表现为:一方面,面对沉重的就业压力;另一方面,为了满足给经济"活力"提供所急需的创业型人才这一需求,这一新兴专业或学科才得以产生。在大多数的省属高校的专业管理中,创业学常常是辅修专业。

当前,创业学的学科归属不明确已经对"创业学"的研究和创业教育的推进产生了非常严重的影响。这就要求将创业学的学科归属问题作为研究的重要方面,从更为广阔和更加深入的角度来对此进行分析,从而采取相应的措施来使该现象得到有效改善。

（二）局限于创业管理的创业学教育

创业管理是创业学课程的重要内容之一。当前，我国开展的“创业学”课程所涉及的内容并不全面，常常只是采用国外创业教育中的核心课程，单这一点就与国外发达国家开设的“创业学”课程内容存在着较大的差别。

从一定程度上讲，创业教育是一门应用性学科，而要对创新创业型人才进行培养，仅仅使创业人才培养的知识体系得到有效完善还是远远不够的，还要使创业人才培养的方式得到进一步完善。其中，需要强调的是加强创业教育与专业教育的融合，同时对学生岗位创业与专业创业的能力进行积极有效的培养。由此可见，要想使我国创新创业型体育人才得到更好培养，不仅要努力开设创业学教学，同时还应该进一步丰富创业教育的内容，避免其内容的片面性，从而为创新创业型人才的培养起到推动作用。

（三）缺位的创业实验实践课程体系

社会对于创业人才往往有着相应的要求，但是当前创业教育的课程体系并不能使这一要求得到很好满足，这主要是由于其具有较为显著的趋同性。具体来讲，趋同性主要表现在：对创业者的精神与心理的培养和创业学与经济学、管理学知识的结合较为重视，对创业实务与案例的分析和讲授也较为注重。但是，其中也存在着一定的差异性，主要表现为：是否关注并探讨了创业教育与人才学、创造学、成功学、环境学、哲学和法学等方面的交叉与融合。

第三节 创新创业型体育人才的素质构成

一、体育人才的结构

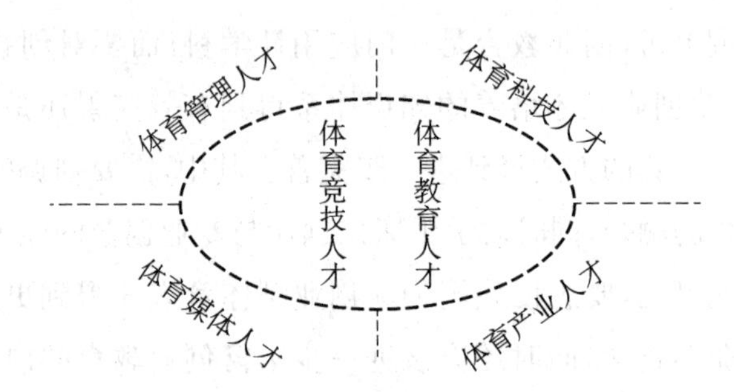

图 4－1 体育人才类型结构图

（一）体育人才类型的总体结构

图 4－1 显示：体育人才队伍包含两类核心人才：体育竞技人才和体育教育人才。体育管理人才、体育科技人才、体育媒体人才和体育产业人才是以两类核心人才为前提而存在。可以说，两类核心人才的状况一定程度上决定着其他各类人才的存在状况。

体育竞技人才彰显着一个国家的体育科技水平与竞技实力。竞技体育水平的提升不仅需要物质资源条件，同时也依赖于体育科技人才不断创新和研发新理论、新技术与新策略。提高体育竞技水平需要科学技术，而发展科学技术，科技人才尤为关键。为此，应高度重视体育科技人才的培养，并提供条件保障，出台激励政策，调动科技人才的工作积极性，使其多出优质成果，为体育事业发展作出最大贡献。

体育教育人才肩负着人才培养、科学研究的双重任务。这类人才与体育管理人才、体育科技人才联系紧密。比如社会体育指导员，既要了解政策法规知识，还要学习社会体育理论与管理知识，掌握体育教学组织、沟通、协调与指导技能，具备体育科学研究能力。

竞技体育引入市场，需要通过市场机制来运行，从而也就带动了相关的体育产业，同时需要大批体育产业人才，如体育经纪人、体育营销人员、体育传媒人员等。与此同时，体育竞技人才也会受到媒体的关注，一场比赛的现场解说不是任何人都能够胜任的，解说员需要具备相应的能力素质，同时需要掌握丰富的体育知识以及对竞技体育的深刻理解。体育产业人才、体育媒体人才是一种新兴的体育人才，预示着体育事业更加丰富多彩，也更趋于多元化。

如今，管理不再是一门单一课程，已经发展成为一门科学，成为社会各行各业赖以生存与发展的重要支柱，体育事业的蓬勃发展需要诸多高素养、高能力的体育管理人才，这是推进我国体育事业可持续发展的重要基础。

综上所述，体育人才类型多样，这六种不同体育人才之间是既有区别又有联系，相互牵连，互相补充，是一个密不可分的有机统一体，缺一不可。[①]

(二) 各类体育人才的知识结构

所谓知识结构，是指一个人才群体中不同专业背景的人或其中某一个人自身所掌握的不同知识的合理组合及之间的相互关系。比如，在一个国家、地区、单位中，具有高级、中级、初级不同知识水平的人按一定合理的比例构成完整的结构，使具有不同专业知识水平的人发挥特长，既各尽其能又相互配合，从而结成一个相对动态平衡的有机体。

1. 体育竞技人才(运动员)的知识结构

图 4－2 显示，竞技运动员的专项技能比较突出，具有一定的专业基础知

① 冯士博. 浅谈体育人才的类型与结构[J]. 体育科技文献通报，2007(02)：1—3.

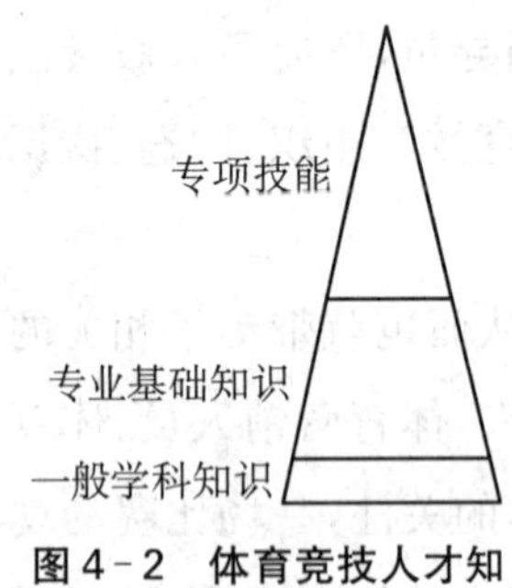

图4－2 体育竞技人才知识结构图

识，而综合文化知识相对欠缺。这跟运动员从小就接受专项技能的训练，忽视了一般学科知识的学习有关。长期以来，为获取最佳运动成绩，青少年存在着“拔苗助长”的现象，运动员从小就进行长期、系统性的专门训练，成年运动员也不例外。最大限度地挖掘运动员的潜能，以适应现代竞技体育对运动技能的要求，这严重违背了运动员的成才规律，同时占据了运动员大部分的时间和精力，势必减少了运动员在知识层面上的深造与学习，这必然会影响其未来向更高水平上的发展。在思想行为方面，过多注重竞技水平的提高，缺乏思想素质的培养，加之受重物质、轻精神的不良社会风气的影响，造成一些运动员自由散漫，只想训练，不愿学习，体育技能虽好，但知识功底薄弱。这些少数人的表现，造成运动员整体社会形象受到损害，从而对运动员再就业产生极为不利的影响。在知识能力方面，我国竞技运动员的文化知识水平普遍不高。究其原因之一姑且可归结为管理高度集中和专业化训练体制，致使运动员在训练比赛与文化学习上产生了巨大矛盾，加之重训练、轻学习的主观意识，造成运动员文化程度和综合知识水平普遍偏低，集中体现在知识功底薄弱，能力结构不合理，综合素质不高，外语、计算机等工具学科知识和技能较差。总之，薄弱的文化课功底、狭窄的知识面，致使运动员整体上缺乏再学习能力、综合知识运用能力和社会适应能力。

我国竞技运动员文化素质偏低，与时代竞技体育发展对运动员的素质要求产生了矛盾；市场经济调控体制下的劳动用人制度和毕业生就业制度的改革，使社会人才市场的竞争愈加激烈，尖锐的问题呼之欲出，那就是运动员自身的文化素质能否适应社会发展，能否更好地承担未来的教练员工作或体育管理工作。随着知识社会的推进发展，文化素质偏低必然不利于体育事业的发展。目前，退役运动员难就业的现象依然严重。一般情况下，当专业运动员运动成绩基本没有可提升空间，或难以继续保持高竞技水平，或运动年限达到一定时间且身体状态难以从事高强度竞技训练时，他们就将面临退役，面向社会再就业，但文化功底与自身综合素质的不足难以适应日趋激烈的人力市场竞争。例如，某举重冠军退役后一度沦为搓澡工等。常言道，竞技体育是吃青春饭的职业，运动员的高水平是有时间限制的，对所有人而言都不能一辈子做运动员，最终都要面临再就业问题，加强运动员的文化教育，提高素质，不能靠退役后为其举办几次培训就能解决，必须从一开始就要从思想上端正文化课学习态度，处理好训练与学习之间的关系，合理分配好时间。只有高度重视这方面工作，才会从根本上解决运动员的培养与就业问题，这对运动员个人发展以及整个体育事业的发展都是有益的。

2. 体育教育人才的知识结构

图 4-3 梯形部分是体育教师的知识结构，里面用虚线表示的三角形部分是教练员的知识结构，总体来说，体育教师的知识面需要比教练员的知识面广一些。但在专项技能方面，对教练员的要求则比体育教师的要求要高。①

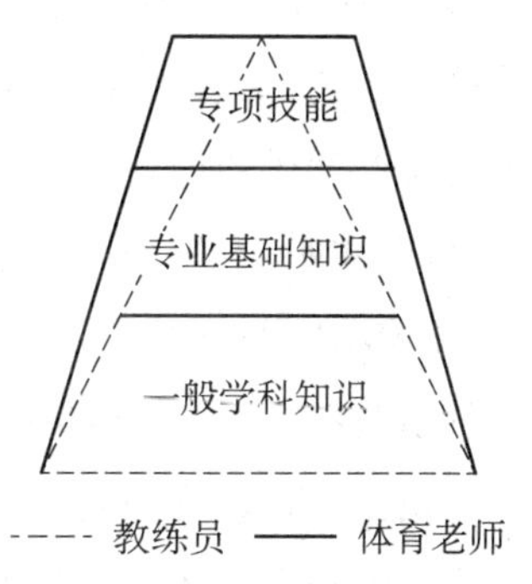

图 4-3 体育教育人才的知识结构

进入 21 世纪以来，随着国家体育事业发展，对承担体育人才培养工作的教师提出了更高的要求，其知识结构应该包括精深扎实的专业知识、丰富的科学文化基础知识和广博的教育科学知识。

第一，精深扎实的专业知识。专业知识是指体育教师实施体育教育教学的有关专门知识，这包含体育科学基础理论，如解剖学、生理学、生物化学和生物力学等人体生物学科理论；心理学、教育学、体育概论、体育史等体育

① 王红艳. 浅谈体育教师职业特征及条件[J]. 华章，2013(05).

学基本原理;体育专项技术及其原理、运动技术教学与训练方法学、体育健身方法学等体育专业理论知识以及学校体育学、体育竞赛方法和体育教材教法等。

第二,丰富的科学文化基础知识。教学是一门艺术,是一门科学。作为教师,具备精深扎实的专业知识是基本的必要条件,还应具备丰富的科学文化知识。教师的责任与使命是传道、授业、解惑,教师的职业性质在于将人类所创造的优秀文化遗产和成就传递给未来社会的建设者,促使他们在继承基础上创造出更辉煌的成就。因此,要成为一名优秀的体育教师,应具备多学科知识技能,清楚了解学生的身心成长规律,熟知教学规律,掌握体育教学的基本技能与方法。

第三,广博的教育科学知识。当今社会是信息传播非常快捷的社会,学生可以通过网络手段获取大量的体育知识,甚至还没有讲授的专业理论新观点、锻炼新方法等热点问题,学生已经非常熟知,无形中为课堂教师教学增添了很多问题,要求体育教师必须及时了解专业最新发展动态,扩大眼界视野,涉猎邻近学科知识,扩展知识面,以适应教育教学发展的新要求。教师,以德召众,以才服人,博学是当代教师建立威信的重要条件之一,教师的人格魅力、知识功底与管理手段,对建立良好师生关系,激发学生求知欲,鼓励学生从事创造性活动,产生重要的影响。

相比体育教师而言,教练员的任务相对单纯一些,其主要工作在于运动训练。由于竞技体育竞争的日益激烈,对训练水平的要求越来越高,因而,教练员必须在其执教项目上有精深的知识和能力。当然,运动训练过程本质上也是一个教育过程,在提高运动竞技能力的同时,也应注意学生的全面发展。因此,对教练员来说,精深的专项技能和全面的育人知识是必不可少的。目前,在我国教练员的培训中,后者相对薄弱,这在一定程度上对其社会印象造成不良影响。从长远来看,应当突出教练员知识结构中的一般学科,特别是教育学科的知识。

3. 体育科技/媒体/产业人才的知识结构

从图 4－4 可以看出，体育科技人才、体育媒体人才和体育产业人才的知识结构基本相同。对这三类人才来说，图中专项技能部分是用虚线所划，是指这项技能并不是这三类人才必须要求具备的能力。相对竞技人才来说，这三类人才对一般学科知识和专业基础知识的广度要求更高一些。此外，三类人才在掌握专业基础知识之外依然需要掌握一些必要的专项技能。

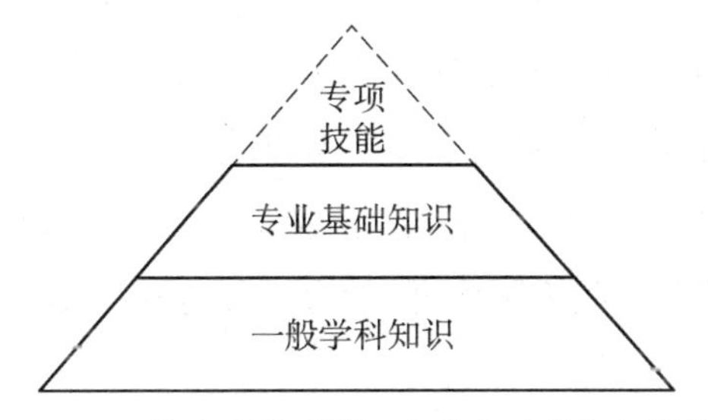

图 4－4　体育科技、媒体、产业人才的知识结构

(1) 体育科技人才的专业知识

无论是行业、企业或者是单位都必须拥有一支科技人才队伍，同时还必须要清楚了解科技人员群体的知识结构。一名合格的科技人员必须具备一门专业知识，只有这样才能更好地解决领域内的科技问题，同时也不失其为一名科技人员的本色。所以，作为一名体育科技人员首先要扎实掌握本学科知识，同时还要洞悉国际科技发展新动态，掌握新情况，了解新资料，学习新知识，用最新的科技知识充实自己，使自己的专业知识始终处于学科领域与科学技术的前沿地位，从而取得国际水平的科技创新成果。

(2) 体育媒体人才的专业知识

诸多从事体育媒体的专业人士大多具有很好的专业修养，但体育媒体人才的专业知识与不同领域内的行业专家的专业知识有着很大的差别。专家学习专业知识的目的是针对一些问题进行进一步研究，具备的专业知识基础不仅扎实而且雄厚。体育媒体人才学习专业知识目的是为了能够听懂专家们的谈话与相关观点，能够用浅显的语言把深奥的道理表述出来，为采访报道服务，所以他们没有必要、也不可能达到专家的专业知识水平。如果非要同真正的“专家”来比，体育媒体人才在知识的深度方面是存有很大差距的。

(3) 体育产业人才的专业知识

基于体育产业工作的特殊性，对体育产业人才的知识结构与知识水平的要求普遍比较高。对于一名优秀的体育产业人才而言，必须具备广博的知识和实施多种技能的相关知识，诸如体育专业知识、市场学知识、网络传媒知识、产业经济与管理学等方面的知识。如果从事宣传或推销产品方面的工作，还应掌握营销学、传播学、广告学、消费心理学等知识。针对处理日常事务，还需要学习和掌握一些人际沟通、社会交往等相关知识。

4. 体育管理人才的知识结构

当今时代，管理者必须具备一些管理知识，否则很难出色地完成相关工作。当今社会发展对管理人才的知识结构提出更高的要求，既要有一定的“专”，又要有一定的“博”，换而言之，就是专业要精，而且还要博学。随着现代科学逐渐向高度分化和高度综合的方向发展，往往对某一领域的深度探索需要采用多门学科的理论、手段与方法，且实施综合性的考察研究。

作为一名体育管理人才，其知识结构核心就是要精通管理学；其次要具备一定的体育学、社会学、心理学、人才学、行为学、决策学、伦理学、政治学等学科知识；再次要了解文学、哲学、历史、地理、天文、艺术、民俗等学科方面的知识。而对体育管理者而言，不仅要懂而且要精通管理知识，懂得如何对机构人员进行科学分工，合理搭配，还要懂得如何培养人、团结人，充分发挥人的主观能动性，这对实现高效内控管理、提高工作运行效率是十分重要的。

尽管体育人才存在着千差万别的知识结构，但最佳的知识结构肯定是各类知识互相协调、具有一定层次结构的知识系统。管理者应在本门学科方面

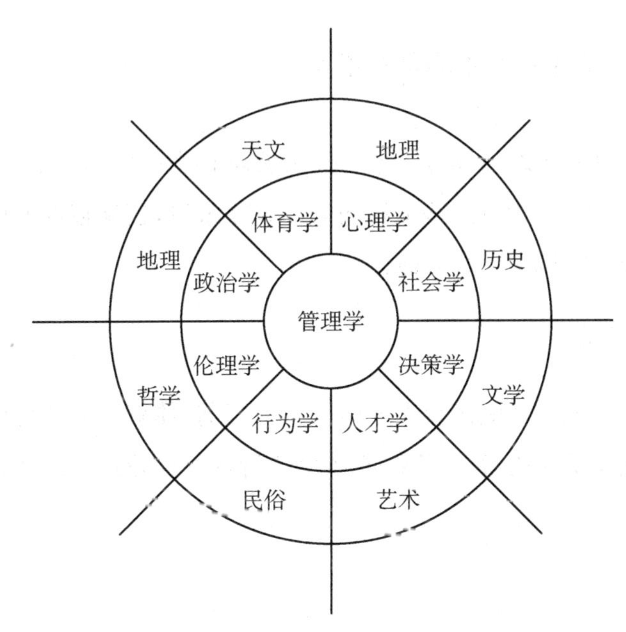

图 4－5　体育管理人才的知识结构图

多下工夫，并广泛涉猎相关学科知识，努力成为一名“专精多能”的复合型人才。专家学者认为，随着当前科学技术、经济和社会的发展，学科间高度交叉并融合，社会经济与科学技术紧密相关，纵观当今世界那些取得卓越成就的人物，他们大多都是学科修养广泛的人。迄今为止那些历经长久发展形成的专业理论体系，已经形成了完善、成熟的系统。目前面临的问题是如何把这些成熟的理论进行“组合”应用，发挥整体功能，从而为人类造福。显然，一名管理人才仅仅具备专业知识是远远不够的，必须熟悉多门学科并掌握多领域的知识。事实证明，以专取博，以博促专，博专结合，才会使一个人成为通才型人物，才能成就大事业。简而言之，体育综合型人才是当今社会与体育事业发展需求的人才，也是人才培养的趋势。

二、创新创业型体育人才的基本素质①

虽然不同体育组织对体育人才的能力要求存在一定的差别，但是创新创业型体育人才的素质构成是基本相同的。具体来讲，创新创业型体育人才的素质构成主要包括以下三个方面。

（一）价值观

价值观往往能够影响体育人才的一生。当前，体育人才的价值观主要包括相关体育组织的历史、体育组织或体育各行业的职业道德以及正确的世界观与价值观。

（二）知识

当前，知识对于体育人才是非常重要的，通过文化水平的培育，不但能够提升体育人才自身的文化素质，而且还有助于提高体育人才自身的风格与气质，此外还有助于体育人才后备力量的培养与其自身的可持续发展。因此，体育组织大都重视对本组织体育人才文化水平的培养。

体育行业对体育创新创业型人才的知识结构与知识水平有着较高的要求。要想成为一名创新创业型体育人才，必须具备一定的专业知识及多种职业知识，比如管理学、网络、市场学等知识。

（三）能力

创新创业型体育人才应该具备的能力有很多，主要包括以下几个方面的能力。

---

① 张献忠.论体育教师的知识、能力和素质[J].科技咨询导报，2007(27)：248—249.

1. 创造能力

创新不仅是人才创造能力的具体体现，而且是人才所固有的一项本质特征。在继承前人知识的基础之上，发展新理论与新技术是体育人才创造性的表现。

当代体育充满竞争，创新创业型体育人才必须具有与众不同的思维创新力与创造力。而他的创造能力强弱是由其知识水平与能力素质所决定的。往往知识水平越高、能力素质越强的人才能更好地发掘潜在的创造力。

2. 竞争能力

竞争是体育人才固有的本质属性。优胜劣汰是体育竞赛的规律，同时也是推动体育事业发展的一个重要动力，没有竞争精神的人很难成为体育人才。

当然，并不是有竞争精神的人都能够成为体育人才，但竞争精神是优秀体育人才必须具备的一项品质。体育人才在体育工作和运动训练中所表现出的勤奋学习、努力工作、刻苦锻炼、顽强拼搏、勇于献身的精神，都是体育人才竞争性的具体体现。

3. 合作能力

现代社会中需要各种各样的相互合作，良好的合作可以有效增加自身的竞争能力，从而在市场竞争中能更好地面对各种挑战。因此，创新创业型体育人才的培养必须重视合作能力的培养。

除了上述能力之外，体育人才还需要具备对体育人才的管理能力、媒体应对能力以及突发事件的处理能力等。

(四) 素质

1. 体能素质

从事与体育相关的行业并进行创业都应该具有良好的身体素质。体能素质是体育人才的必备基础。因此，体能也是对体育人才进行培养的重要内容。

2. 技战术

对于与竞技体育存在密切关联的创业型人才，必须要对所从事运动项目的技战术有充分的了解，这对于此后寻找市场切入点、拓展人际关系等都具有非常重要的作用。因此，对体育后备力量的技战术的培养是实现和完成体育人才培养的重要组成部分，同时也是提高体育人才竞争力的根本途径。

3. 心理素质

良好的心理素质有助于体育人才心理活动水平的不断提升，不良的心理状态会对体育人才的决策产生消极影响，甚至还会对自身与企业造成重大的损失。因此，对于创新创业型体育人才而言，不仅需要具备良好的体能素质以承担创业过程中艰辛的劳动，而且还需要具备良好的心理素质。

另外，良好的心理素质还具有调节体育人才心理活动能力的作用，它能够消除与治疗以往形成的一些心理障碍，从而使创新创业型体育人才始终保持创业的激情与活力。

第四节 创新创业型体育人才的选拔

一、创新创业型体育人才的选拔原则

为了能够更好地挖掘出行业人才，选拔创新创业型体育人才需要依据一定的原则，具体来讲主要包括以下几个方面。

（一）公平公开的原则

这里所说的公平公开原则主要是针对选拔方法而言的。对于体育人才

的选拔需要做到公平公开，选材过程应由公正无私的人来主持。同时，体育人才选拔的标准应客观、公正，做到实事求是、择优选用。

（二）德才兼备的原则

德才兼备是人才的基本素质，也是发现人才的重要依据。在创新创业型体育人才的选拔过程中，德才兼备是对体育人才综合素质的基本要求，是创新创业型体育人才选拔必须坚持的一项重要原则。

（三）注重潜力的原则

遵循注重潜力的原则是对创新创业型体育人才选拔工作负责的表现。创新创业型体育人才的选拔工作不但需要重视当下体育人才综合素质的发展，同时还需要强调其在未来几年的职业规划过程中潜在能力的发展预测。

（四）有利发展的原则

该原则要求选拔工作者在选拔的同时应充分考虑创新创业型体育人才未来的发展以及我国整个体育事业未来的发展，同时还应该充分考虑社会需要人才的类型、引进人才的比例等问题。

二、创新创业型体育人才的选拔方法

创新创业型体育人才的选拔方法有很多，这里主要对几种常见的方法进行具体分析。

（一）测试法

体育人才包括很多类型，创新创业型体育人才是一种复合型体育人才。而单就某一类型的体育人才来讲，不管是针对体育研究人才还是体育管理等其他人才，测试法都是一种非常有效的选材方法。测试法指在同等条件下，通过公平竞争，裁判出优胜者并加以继续培养或录用的方法。

测试法以成绩和综合素质为重要评价标准，同时也非常强调对体育人才未来发展潜力的考察，通过了解影响受选对象成才的各种积极与消极的因素，对其进行全面、综合分析，然后考虑是否继续对其进行培育。

（二）观察法

知识、能力、素质是构成创新创业型体育人才的重要基础，在高校体育教育教学过程中以及创新创业相关活动的参与过程中，可以通过对学生的观察来判断其是否具备发展成为创新创业型体育人才的潜质。

具体来讲，可以通过对培育对象运动能力、技术能力、心理素质、思想品质、作风等方面进行详细、系统的观察，或者对学生的身体发育、心理、智力的各种测量数据进行计算，从而判断其是否适合创业。

（三）教学法

高校创业教育是创业型体育人才选拔和培育的重要途径。在教育教学过程中，需要教师独具慧眼，不仅要注重学生当前综合能力的科学评判，而且还要善于挖掘与发现学生的发展潜力。这种方法对教师往往有着较高的要求。

（四）访问法

访问法就是通过面访或信访的方式向教师、教练员、家长和其他关系人群了解学生的学习情况、运动项目成绩、爱好、日常表现等。

考试问卷法较为特殊，主要是通过答卷、问答以及难题求解等方法来对体育人才进行选拔。由于具有考试性质，因此选拔出来的大多是智力水平高、运动技术好、基础知识扎实、具有较强的分析和解决问题能力的学生。

第五节 创新创业型体育人才的培养

一、创新创业型体育人才培养的原则

（一）注重职业道德的培养

职业道德教育是成为一个合格人才的重要保证。一个人要想最终成为人才，首先应该有坚定的事业心，同时要有祖国荣誉感以及社会责任感，还应该积极养成各种优良品质与文明习惯，全身心投入专业理论知识的学习与自身素质的提高之中。

需要注意的是，创新创业型体育人才的职业素质应该与体育事业的发展相统一。创新创业型体育人才的职业素质在体育人才的培养过程中占据非常重要的地位。在训练的过程中应该加强创新创业型体育人才职业素质的培养。

（二）突出个性特征

在培养创新创业型体育人才时，培养者应该善于把握不同人才的个性特征，同时要积极发掘对于以后创新创业有重要促进作用的个性特点，有针对性地进行培训和发扬。除此之外，还应该摒弃一些不良的个性特征，在发展体育人才各项能力的基础之上做到区别对待、因材施教，从而最终实现理想的人才培养效果。

在体育人才的培养过程中，之所以要重视突出个性特征主要是由于体育事业的发展需要多种类型的人才，充分发挥自身的各项优势有助于创新创业型体育人才更有针对性地进行职业规划，创业的成功率也会相应提升。

(三) 因材施教原则

因材施教与突出个性特征两个原则是相辅相成的,两者都是创新创业型体育人才培养应该遵循的原则。

具体来讲,创新创业型体育人才的因材施教原则是由不同体育人才个体之间的差异性所决定的。在市场化经济发展背景中,体育市场化、产业化和职业化发展迅速,实施因材施教原则能够使创新创业型体育人才的积极性得到充分调动,使其更好地适应社会发展。

二、体育人才培养的过程

体育人才的培养不仅需要花费大量的人力、物力、财力,同时还要有科学的体育人才培养系统作保证。具体来讲,优秀体育人才的培养过程大致如下。

(一) 分析人才需求

人才培养需求分析是体育组织制定培养计划与决策的前提和基础,同时也是体育组织进行体育人才培养活动之前必须进行的一个重要环节。一般情况下,体育人才需求分析是由主管培养的人员根据工作特性、标准、要求等对人力资源的知识水平、能力水平、个人特质等所进行的科学分析。

(二) 制定培养目标和计划

制定培养目标和计划有助于为体育人才的培养提供正确的方向和实施标准,是体育人才培养过程的重要环节。如果没有明确的目标和计划,体育人才培养的实施就不能够得到很好的保证。

在制定体育人才培养目标和计划时,应该将体育人才的个人需求与社会对体育人才的需求作为重要参考依据,同时还应该注意培养目标的明确性与可操作性。

（三）评估培养效果

科学进行培养效果评估有助于经验的总结，从而为下一次体育人才的培养提供参考，这对于改进体育人才培养的质量非常有帮助。

第六节　创新创业型体育人才的管理

一、创新创业型体育人才的规划与配置

（一）创新创业型体育人才的规划

所谓创新创业型体育人才的规划，指的是为了促进高校创业体育教育的发展，对创新创业型体育人才在变化的环境中的供给和需求情况进行分析和预测，通过制定出相应的科学有效的措施来保证在一定的时间和岗位上获得所需要的人力资源，并对这些人力资源进行有效管理的过程。

对于广大高校来讲，创新创业型体育人才规划的要求主要包括两个方面：一是要充分考虑高校创业体育教育的环境变化，二是要实现高校体育教学与成员的共同发展。

（二）创新创业型体育人才的配置

1. 创新创业型体育人才配置的概念

所谓体育教学人力资源配置，泛指体育人才在不同部门及各种不同使用方向上的分配，同时根据一定的经济或者产出目标，实现人、财、物等要素的有机结合与充分发挥，从而实现最佳效率与最大产出的动态进程。

创新创业型体育人才配置是体育人才主动选择自己工作岗位的行为，它是创新创业型体育人才自我择业的重要体现。通常大部分人都希望通过求

职来找得一份收入高、条件好的工作，而当现行的工作不尽如人意或者有更好的职业机会时，创新创业型体育人才就会进行职业流动。

2. 创新创业型体育人才配置的内容

（1）地区配置

创新创业型体育人才的地区配置是在一个地区创新创业型体育人才资源现状基础上，根据该地区的资源状况和体育发展规划，通过地区间人才的迁移以及不同地区间的人才政策的调节来实现。创新创业型体育人才的地区配置要有利于各地区体育事业的均衡发展，同时还能够表现出不同的地域特色。

（2）领域配置

目前，体育人才的创业领域主要集中在学校体育领域、竞技体育领域、大众体育领域等各个方面，创新创业型体育人才的配置应该将重点领域作为主要的发展目标。根据领域的联系，即投入与产出中各领域之间的关系进行综合平衡之后进行确定。

（3）职业配置

创新创业型体育人才的职业配置具有非常重要的作用，它是对高校体育创业教育人才的质的规定性的直观反映。

二、创新创业型体育人才的评估与保留

（一）创新创业型体育人才的评估

1. 评估程序

（1）组织准备：明确组织评估部门和被评估范围；确定评估目的；选择评估的方法；制定评估指标体系；安排评估进度；组织遴选评估成员；准备评价道具。本阶段主要是进行评估前的各项准备工作，包括思想、资料和组织等方面的准备。

（2）检查实施：全面搜集评估的准确信息；处理评价的信息；做出评价结论。本阶段是整个评估工作的中心环节，是决定评估结果的关键阶段。

（3）总结：对评估结果做出客观的分析，对取得的成绩予以肯定和鼓励。同时要找出存在的问题；向被评价对象反馈评估结果，进行原因分析，并向有关部分提供评估报告。

2. 评估要求

具体来讲，创新创业型体育人才的评估要求主要包括以下几个方面。

（1）做好评估准备。

（2）提高评估的可信度。

（3）建立健全评估制度。

（4）加强评估信息的反馈。

（二）创新创业型体育人才的保留

在对创新创业型体育人才进行管理时，要想更好地保留创新创业型体育人才，主要应该做到以下几个方面。

1. 提升体育的社会地位

社会地位是影响人才去留的一个重要因素。长期以来，我国各类体育人才的社会地位低、待遇差，在工作的很多方面存在着诸多问题，与国外许多发达国家还存在不小的差距。在这种形势下，优秀的体育人才也大量流失。因此从长远来看，要想从根本上解决体育人才流失的问题和提高体育人才的来源质量，就必须提高体育人才的社会地位。

2. 以丰厚的物质待遇保留人才

当前我国仍然处于社会主义发展的初级阶段，我国社会的经济发展水平还相对较低，经济收入往往是影响人才发展的一项重要因素。因此，丰厚的物质待遇常常能够对保留人才起到积极的作用。

3. 以事业的发展保留人才

人才往往有着各自不同的追求,单纯的物质条件并不能完全满足人才的个人发展需求。物质待遇对体育人才的保留只起到了基础性的作用,随着对于这种满足的实现,体育人才会逐渐产生更高层次的需要。在避免人才外流的问题上,应该重视以事业发展保留人才。

4. 以规范的制度保留人才

随着社会竞争的日益激烈,社会对于各类人才的重视程度也在不断加深,而人才竞争从根本上讲是一种制度的竞争。目前,在体育人才的开发与管理方面,制度是用人单位之间存在区别的重要标志。

第五章 高等体育院校创新创业型体育人才培养体系

随着经济社会的发展，大众健身运动逐渐普及，体育产业快速发展。对于高等体育院校的大学生而言，日益发展的体育产业为其提供了新型岗位。而传统的教育观念和教育模式使得体育院校的毕业生普遍缺乏创新和创业能力。为了促进体育院校毕业生更好地实现自身价值，应积极建立和完善创新创业型体育人才培养的教学体系，实现学生、学校与社会的多方共赢。

第一节 高等体育院校培养创新创业型体育人才的优势

一、普通高校培养创新创业型人才的优势

大学生群体进行创业是有着多方面的优势，具体而言，普通高校培养创新创业型人才的优势主要有如下几个方面。

其一，大学生有着一定的文化水平，其知识结构较为稳定，并且具有一定的专业技能。

其二，大学生群体是最为活跃的群体，他们有激情，思想活跃，充满信心，并且很容易接受一些新事物。

其三,大学生是一群年轻的群体,他们精力充沛,没有供养家庭的沉重负担。

以上这些方面都是大学生这一群体进行创业的优势方面。需要注意的是,大学生的成长经历、家庭背景等都会有一定的差异性,从而使得他们具有个体差异方面的强项和弱项。大学生应对自身的情况有着理性的认识。

二、高等体育院校培养创新创业型人才的优势

对于体育院校的大学生而言,他们相比于非体育专业大学生有着不同的特质。高等体育院校进行创新创业型人才的培养具有其自身的独特优势。具体而言,其主要表现在如下几个方面。

其一,体育院校的大学生做事更为果断。在运动比赛中,必须果断行动才能够掌握主动,在长期的运动训练中,处事果断的特点成为体育院校的大学生的重要内质。运动竞赛中的竞争和对抗也在一定程度上培养了竞争精神和不服输精神。和同学们一起进行训练,在集体类运动比赛和训练中进行默契配合,这也培养了体育院校大学生的交往合作意识。另外,体育院校的大学生在长期的运动训练过程中,培养了吃苦耐劳的精神,同时在艰苦条件下依然保持充分的信心。总体而言,体育院校的大学生富有挑战精神,具有较强的竞争欲望、良好的抗挫折能力和实践能力,具有良好的交往合作意识。这些品质和能力也是一个创业者所应具备的。

其二,相比于普通院校的大学生,体育院校的大学生具有健壮的体质和良好的形体。他们具有健康、向上的良好气质。

以上这些方面的优势条件使得体育院校的大学生在大学生群体中具有更好的创新创业方面的优势。

第二节 高等体育院校创新创业教育及人才培养的现状分析

一、体育院校创新创业教育现状调查与分析

（一）对体育院校创新创业教育状况的调查与分析

通过对天津体育学院、吉林体育学院、河北体育学院、山东体育学院等20所体育院校的学生、教师和管理人员进行的问卷调查发现，体育院校的创新创业教育不容乐观。具体表现为如下几个方面。

其一，通过对调查结果进行统计和分析，发现调查对象中有将近三分之一的人认为，创新创业教育是专门培养学生创新创业能力的有效手段；另有三分之一的调查对象认为，创新创业教育是教育教学改革不断深化发展的结果。但是，仍有一小部分人对于创新创业教育认识不足。

其二，对于创新创业教育与专业教育之间的关系并没有一致的认识。16%左右的调查者认为，专业教学中渗透创新创业教育是没有必要的，会影响专业教学的质量；另有21.16%的调查者不愿意去尝试在专业教育中渗透创新创业教育。这两者的比例共占到了37%左右。调查显示，绝大多数学校不会将创新创业教育放到与专业教育同等重要的地位，创新创业教育在高等体育院校中并没有实质性落实和开展。对高校师资力量的调查也发现，大多数学校都没有这方面的师资力量，在开展教学时，仍然延续传统的教学方法，没有相应的创新创业教育的课程体系。

其三，调查显示，体育院校的学生在开展创新创业教育过程中，存在的问题和困难有三个方面：一是课程体系、教材和师资的不足，二是资金和场地条件的限制，三是传统观念与意识的影响。调查认为，影响创新创业教育在体育院校中开展的主要原因是学校的重视程度不够，在这方面也缺乏相应的资

金支持，也没有形成相应的教学观念。

其四，调查发现，学生对于创新创业都有一个相对较为正确的认识，并且对创新创业教育表现出了较强烈的愿望。调查显示，22%左右的学生表示积极主动参加创新创业教育活动，54%的学生参加有关的活动。

（二）对体育院校在校大学生创业认识取向的调查与分析

我们对20所体育院校的本科生进行了问卷调查，调查结果显示，大多数学生保持一种求稳的择业观，希望能够找到一份好工作；只有少部分学生坚定信心来创业。这在一定程度上表明了学生在承受压力和勇于挑战等方面心理素质的缺乏，进行创业的主观意识较低。调查显示，33%左右的学生认为，创业是就业的一种形式，创业是为了就业，这说明就业压力对于学生的影响。对体育院校的在校生关于创业取向的调查表现出如下几个方面的情况。

其一，调查显示，31%左右的学生认为，先工作几年积累经验，然后再进行创业；另外有21%的学生则表示不清楚，关键看机会。体育大学生对于创业的选择相对比较慎重。40%左右的大学生认为，创业时倾向于合伙进行创业，这表明了大学生团队意识的增强。

其二，体育大学生普遍认为，最为缺乏的创业知识为公司管理、市场营销和商业交往等方面的知识。而在创业过程中，遇到的最大的困难是资金，其次是个人素质和创业项目。可见，缺乏创业资金是制约大学生进行创业的重要因素。

总而言之，在校体育大学生对于创新创业教育具有迫切的需求，但是创新创业教育并不普及，也不均衡，大部分院校并没有将创新创业教育纳入专业人才培养体系中去。大部分学校开展的一些创新创业教育实践活动相对较为形式化和边缘化。在这一教育环境下，学生也表现出缺乏创业的心理素质和必要的创业能力。

二、体育院校创新创业教育存在的主要问题探讨

通过对高等体育院校创新创业教育的现状的调查，可总结出如下几个方面的问题。

（一）传统教育思想束缚着内部教育群体对创新创业教育的认识

高等体育院校的创新创业教育是积极推进素质教育的重要途径。但是，传统教育观念对开展创新创业教育有着一定的消极影响，束缚着创新创业教育的开展。很多人认为，创新创业教育就是鼓励学生积极进行创业，这无疑是一种错误的认识。很多教育工作者对于创新创业教育的认识存在一定的偏差，他们更加注重学生专业技能的培养，而开设创新创业方面的课程会占专业课程的课时，收效不高。总而言之，很多教育工作者没有将创新创业教育理念与专业教育理念相融合，不利于创新创业教育的开展和实施。

（二）创新创业教育学科地位边缘化造成必要的体制建设缺失

在高等体育院校中开展创新创业教育是为了使得大学生具备完整的创业基本素质，促进其具备相应的创业知识、创业意识、创业心理和创业能力。创新创业教育，能够使得大学生成长为更加适应社会发展的劳动者。现阶段，我国的创新创业教育长期没有得到应有的重视，使得创新创业教育没有明确的学科体系和专业设置，大部分学校的创新创业教育仍然只是“嘴上说说”，没有将其纳入学校的教育体系之中。很多学校存在师资队伍不健全、教材不配套、管理制度缺失等方面的问题。

（三）缺乏创新创业教育教学机制建设

现阶段，很多学校都开设了就业指导课、社交礼仪课，各种形式的就业指导讲座也很多。但是，很多学校进行的这些创新创业课程大都是被迫开设，制定的一些创业计划书大都是可行性和操作性不强。创业计划大赛由于缺乏对于

相应的创新创业基本素质的培养，从而使得创业计划流于形式，没有实效性。

创新创业教育没有成为教育体系的有机组成部分，没有形成相应的教学机制。学校开展的一些勤工俭学的形式也处于发展相对较低的阶段。总而言之，学校的创新创业教育不能适应现代市场经济发展的要求。

（四）缺乏创新创业教育校内外环境与条件保障

1. 校内环境和条件的缺乏

目前我国学校开展的创新创业教育相对较少，没有形成相应的体系和规模。校内创新创业的氛围不足，创新创业改革也不被教育工作者所关注。学校创新创业方面的教师相对较为缺乏，尤其是有着相应知识和实践经验的教师。总而言之，大部分学校创新创业教育的环境和条件不足。

2. 社会环境支持的缺乏

创新创业教育不仅需要校内条件，也需要相应的校外环境的支持。大学生在开展创业活动时，需要涉及企业经营管理、税务、媒体营销等方面的知识和能力，这就需要相关部门的帮助，通过开展授课形式来促进学生相应知识和技能的掌握。另外，学校与外部单位展开合作，建立相应的教学实践基地也是促进学生创新创业能力提升的重要途径。而现阶段，多数体育院校并没有建立相应的创业实训基地，从而不能够为学生进行实践操作提供平台，不利于学生创业能力的提升。

第三节 高等体育院校创新创业型体育人才培养教学体系构建

一、构建创新创业教育体系的指导思想

高等体育院校创新创业教育体系的构建，就是要创新教育模式，让学生

更好地掌握创业方面的知识和技能。其核心是建立培养体育大学生创新创业素质的教育系统平台，强化专业技能的实践应用，尝试创业活动，培养创业者特质。

创新创业教育与传统的教育形式具有明显的不同，其更加注重创业实践教学体系的建设，通过进行相应的创业实践来提高学生的创业能力。在开展创新创业教育时，应积极打破理论教学与实践教学之间的界限，将课堂教学与课外实践结合在一起，建立相应的创新创业教育教学实践体系。

构建创新创业型人才培养教学体系时，应深入调查和分析，充分了解市场需求，在此基础上全面实施创新创业教育工程。创新创业教育体系的建设过程，具有如下几个方面的特点。

（一）注重能力培养与全面素质培养相结合

实践教学课程的内容和环境与社会环境更加接近，在传授学生相应知识的同时，也加强了实践能力的训练，将能力、思想、理论知识等方面的培养融为一体，对于学生素质的全面发展具有积极的意义。相应的教学实践体系应与经济社会和技术等方面的发展相适应，大学生各方面的素质应与社会发展需求相适应。通过学生在校内外积极开展相应的实践活动，促进其知识、能力、心理品质等方面的提升，这要比理论说教的效果好很多。

（二）注重课内与课外相结合

在注重课内教学的同时，还应充分利用时间，加大课外实践教学的开展，使得两种教学相结合，充分拓展个性化教育的空间。具体而言，应注重以下几个方面。

（1）在教学过程中，应进行开放式的综合训练实践，让学生根据自身的兴趣和爱好来进行自主选择，而教师给出相应的标准、目标和要求。制定相应的目标和要求时，应注重由易到难、由浅入深，逐步开展。创业方案应由学生自己来设计，在这一过程中，使得学生能够充分运用所学的知识和技能，从而达到有效的提高。

(2) 在教学过程中,对于那些由于课时所限而没有充分讲解的内容,可设置相应的实践作业,让学生通过自身的努力在课余时间完成。通过这种方式使得学生学用结合,全面提高。

(3) 在创新创业教育过程中,应通过多种手段开展课外创新创业活动和模拟实践活动,并且安排有经验的教师进行指导和管理。为了提高学生的实践能力,可使学生参与相应的科研课题,或参与到企业实体中去。

(三) 注重产学研的相结合

在创新创业教育过程中,应注重理论、技能的应用。在开展课程实践时,应将第一线的实用性岗位的课题与教师的科研工作紧密结合。教学中所采用的资料应真实有效,学生通过自身所学的知识进行思考、分析,制定相应的对策,撰写报告。通过这种方式来发展学生分析问题和解决问题的能力。

二、创新创业教育的目标和内容体系构建

(一) 目标体系构建

创新创业教育最为重要的目标是要让学生身心的发展适应经济社会发展的需求,成为新时代的知识创新者、科技创新者和自主创业者。在开展创新创业教育时,应在这一总目标的指引下,制定相应的目标体系,逐步实现各子目标。我们对创新创业的总目标进行了横向和纵向分解,建立了相应的目标体系。

1. 横向目标

高等体育院校创新创业教育的横向目标主要是一种通识性的创新创业教育素质要求。可将其分为:创新创业意识、创新创业品质、创新创业知识和

创新创业能力(见图 5-1)。

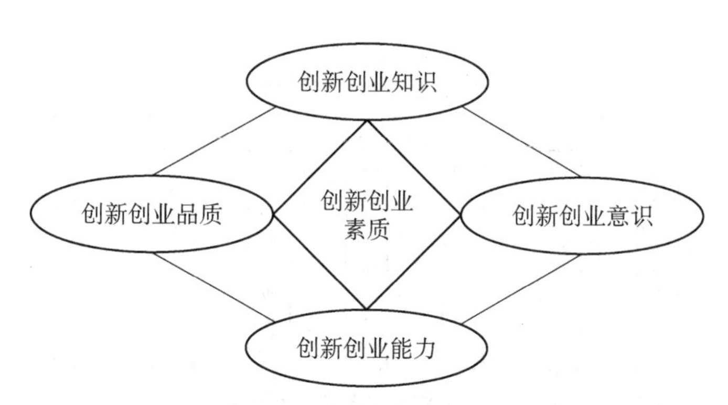

图 5-1 高等体育院校创新创业教育的横向目标图

2. 纵向目标

学校条件和个人条件等方面具有一定的差异性，这就使得学生在发展方向上具有差异性。可根据学校的办学定位，将学校创新创业教育目标体系分为不同的等级。

其一，“教学型”的大学可以考虑培养模仿型的创新创业人才，能借鉴成功创业方式进行模仿创业。

其二，对“教学—研究型”的大学来说，可以将创新创业教育目标锁定在综合型创新创业人才的培养上。

其三，具有较高办学水平的“研究型”的大学，其创新创业教育应当培养具有开创能力的创新创业人才。

(二) 内容体系构建

创业的基本素质由创新意识、创业心理品质、创业知识结构和创业能力四个方面构成。构建创新创业教育内容体系时，要遵循知识、能力和素质三位一体的原则，一般将高等体育院校创新创业教育内容分为八个方面，如图

5－2所示。

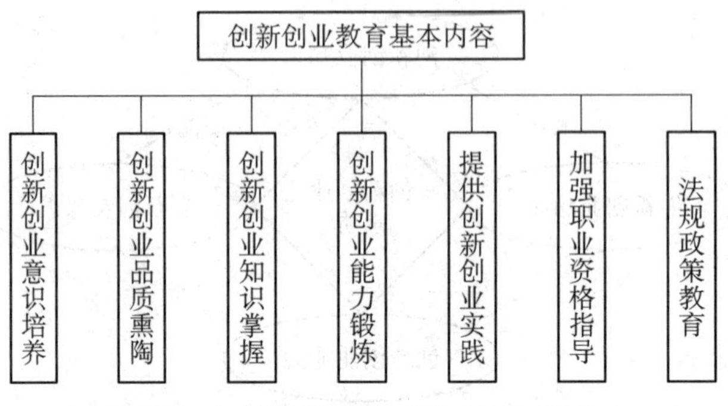

图5－2 创新创业教育的内容体系图

三、创新创业教育的管理体系构建

体育院校应成立相应的工作部门，建立相应的领导小组，在纵向方面有效领导，在横向上通力协作，建立完善的管理体系（见图5－3）。

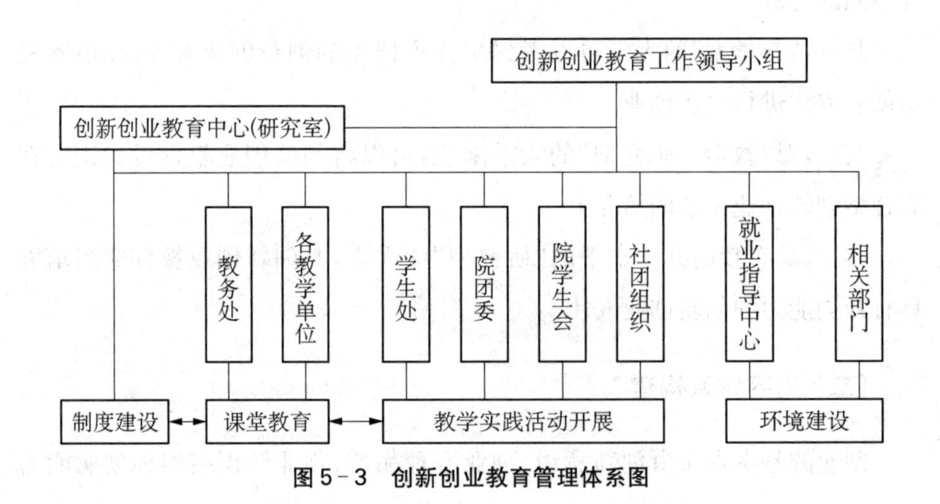

图5－3 创新创业教育管理体系图

需要注意的是，创新创业教育是一个长期的系统工程，需要各个部门协调工作，共同努力，这样才能够取得良好的教育和管理效果。创新创业教育中心（研究室）应积极贯彻创新创业教育思想，积极做好制度建设、课堂教育、教学实践活动开展和环境建设等方面的工作。

四、创新创业教育实践教学体系的框架结构建设

在调查研究的基础上，本书提出了高等体育院校创新创业教育实践体系，具体如图 5－4 所示。该体系包括四个方面，既相互独立又相互联系的教育平台，即“课堂教学、实习实践、社团活动、社会服务”。在教学过程中，每个平台贯彻实施“以学生个体发展和社会整体需要为结合点，分层次和个性化差异教学为手段，理论指导、实习实训和社会实践为突破口，培养专业能力和创新创业素质为教育目标，全面提高学生择业、就业和创业力为归宿”的教育模式。

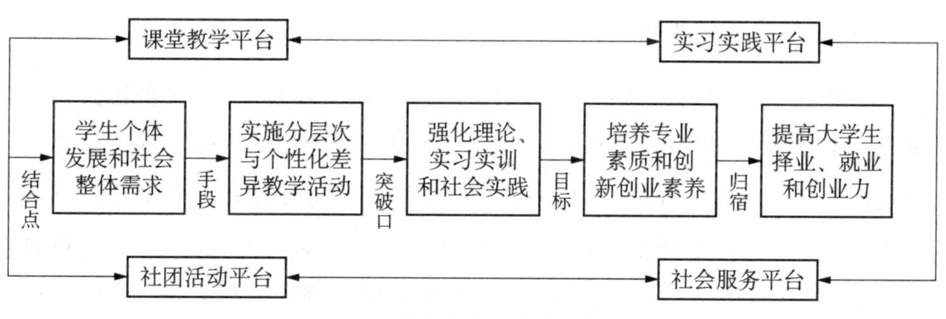

图 5－4　创新创业教育实践体系图

（一）课堂教学平台

根据创业者所需要的基本知识结构的要求，构建相应的创新创业课程体系，并设计相应的课堂教学模式。具体而言，课堂教学平台建设应包括以下两个方面。

其一，构建创新创业知识掌握的课堂体系。可根据学校专业人才培养的课程体系结构来设置课程，如设必修课和选修课。通过必修课的学习，促进学生创新创业技能和方法的掌握，培养创新创业精神和心理品质，激发创业的兴趣。在选修课方面，则围绕创业过程中的知识需要来组建相应的课程，学生根据自身的情况来选修。

其二，构建创新创业模拟课堂的学习模式。对创业的全过程进行模拟，从发现好的创意到最终的融资和管理，促进学生实践能力的提高。

（二）实习实践平台

实习实践平台的建设就是要在校内建立相应的创新创业教育孵化基地、第二课堂教学活动体系，最终建立完善的创新创业教育实践教学体系。具体而言，就是应建立校内创新创业园区，建立基于创新创业教育的专业实践教学模式。

（三）社团活动平台

学生社团活动平台就是以学生社团或俱乐部为载体，开展各种形式的创业实践活动，在校园中营造良好的创新创业教育氛围，对于创新创业教育的开展起到良好的促进作用。良好的文化氛围往往能够对人形成潜移默化的积极影响，最终影响其思想和行为。通过开展各种形式的社团活动，使得具有创业兴趣和偏好的学生团结在一起，在学校中发挥积极的影响。在学校中营造良好的创新创业教育环境，能够对学生创业意识的形成产生一定的外在推动作用，同时也是创新创业教育开展的保障。

（四）社会服务平台

在创新创业教育过程中，还应积极利用社会力量和社会资源，促进学生更好地适应社会发展。具体而言，学校可与相应的企业、体育俱乐部、全民健身中心、社区服务所等建立合作关系，使得学生在实践中得到历练。

五、创新创业教育行为评价体系的构建

在开展创新创业教育工作时，为了对工作效果有一个清晰的认识，需要建立相应的评价体系，对开展的各个方面的工作进行量化考评。

一般对创新创业教育工作的各个方面进行考评时，可分为五个方面，即：学校层面、管理层面、教学层面、教师层面与学生层面。在进行教学评价时，主要围绕这几个方面开展。

学校为学生奠定良好的创新创业教育基础保障，创造浓郁的创新创业氛围，才可能有效地实施创新创业教育工作，获得良好的成效。

制度是否健全、管理是否到位是创新创业教育工作的重要体现，也是主要的影响因素。

教学是落实学校创新创业教育培养工作的具体环节，是实现培养创新创业型人才的具体操作过程。

教师是实现创新创业教育的根本保障，其行为活动对创新创业教育成效产生着极为关键的影响。

学校创新创业教育工作水平最终反映在学生的能力素质和各类竞赛获奖等方面，这是创新创业教育活动的最终结果，也是衡量创新创业教育绩效的重要一环。

第四节　高等体育院校创新创业型体育人才培养实训体系构建

一、课堂平台建设

（一）基于创新创业教育目标的理论课程体系

创新创业教育课程可以设为必修课模块和选修课模块两部分，可以在第

一、二学年安排公共必修课程，第三、四学年安排选修课模块，学生结合自身需要科学合理地选择学习内容。创新创业教育课程体系如表5-1所示。

表5-1 创新创业教育课程体系结构

<table>
<tr><td rowspan="5">创新创业教育课程体系</td><td rowspan="2">公共必修课程</td><td>创新思维与方法</td><td>创造学；创新思维与技能；人才潜能开发学(导论)；创新能力测评等</td></tr>
<tr><td>创业知识概论</td><td>创业概论；创业资源；公司创建；职业道德；创新创业心理品质；国内创新创业案例介绍；体育市场分析；体育产业介绍；创业计划；国家政策规定；社会调查方法；公文写作</td></tr>
<tr><td rowspan="3">选修课程模块</td><td>商业计划与融资</td><td>商业机会；风险投资；创业融资；商务创意与实践；企业经营分析</td></tr>
<tr><td>市场营销与策划</td><td>消费者行为学；市场营销计划；营销策略与方法</td></tr>
<tr><td>企业管理与法律</td><td>创业法制；人力资源管理；法律与税收；企业管理；公共关系学</td></tr>
</table>

(二)基于创新创业教育的理论教学模式

1.“专业教学渗透”模式

在专业课堂教学中，将创新创业教育的思想、目标、内容和方法渗透到课堂教学中，训练学生的创新创业思维。

2.“课题研究学习”模式

“研究学习”模式是指在课堂教学实施中以提出问题、研究分析解决问题为核心的一种教学模式(见图5-5)。

3.“协作互动学习”模式

“协作互动学习”模式是指采用师生、生生之间互动协作学习形式促进学生对知识的理解与掌握的过程(见图5-6)。在进行分组时，通常将认知、知识结构和成绩等方面互补的学生结为一组，共同提高。这一教学模式要求教

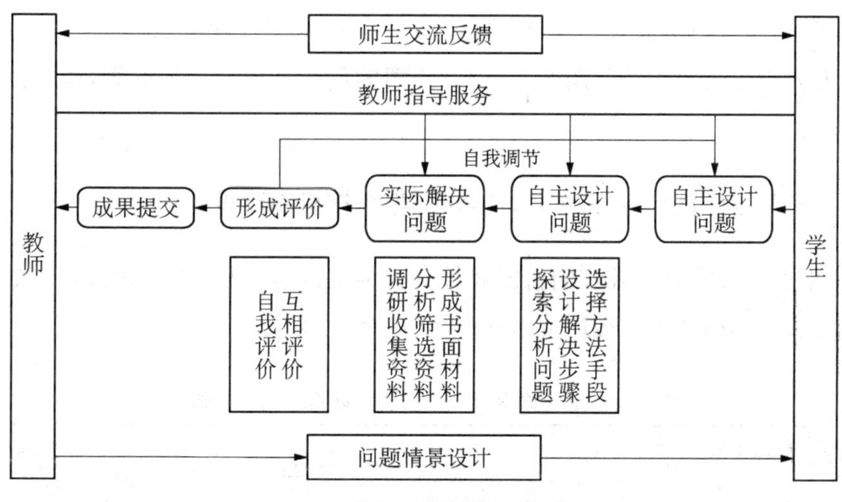

图 5－5　“课题研究学习”模式图

师变革教育理念，充分尊重学生的主体性。另外，互动学习需要一定的环境支持，如组织环境、空间环境、硬件环境和资源环境等。

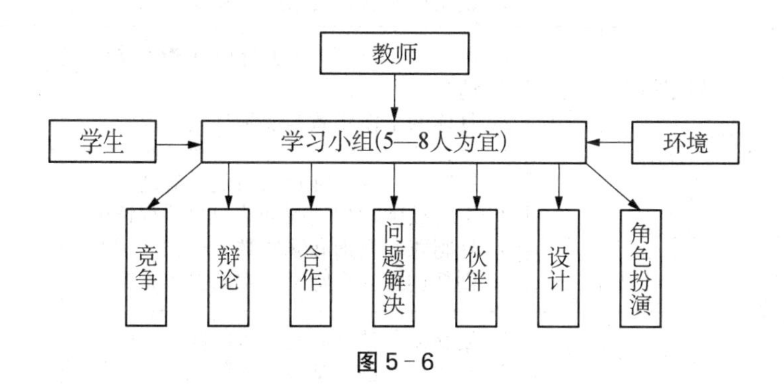

图 5－6

4．“模拟创业学习”模式

“模拟创业学习”方式是指从寻找商机开始到制订创新创业计划、组建创新创业团队、进行创业融资和创业管理的全过程模拟。可采用模拟模式的课程主要有：风险投资、创业计划、商务沟通技能训练等。

学生可分组协商每个人的角色，做好公司的主要业务、经费来源、合伙人、人力资源的分配等前期准备，拟订公司的创业计划及发展规划，模拟公司的运行。

（三）基于创新创业教学的学分制与考核机制建设

根据对影响高等院校创新创业教育行为的因素分析，遵循评价体系的建立原则，我们设计了三级评价指标体系（见表 5 - 2）。

表 5 - 2　高等体育院校创新创业教育行为评价体系

一级指标	权重（%）	二级指标	权重（%）	评价观测点	评价等级 A B C D
学校层面	25	思想观念	20	1. 纳入学校整体工作计划情况 2. 创新创业教育目标与教育观念确立情况	
		环境氛围	15	1. 引导创新创业教育的校园活动情况 2. 创新创业教育网络平台建设情况	
		规划措施	21	1. 切合学校实际的创新创业教育规划情况 2. 具体的工作步骤与实施计划情况	
		师资队伍	18	1. 制定创新创业师资队伍建设规划 2. 本院教师承担创新创业教育课程情况 3. 外聘兼职教师和客座教授情况 4. 创新创业教育师资结构的整体状况	
		经费投入	10	1. 创新创业教育经费投入状况 2. 学生创新创业基金投入状况	
		基地建设	16	1. 校内创新创业教育活动基地建设情况 2. 校外创新创业教育活动基地建设情况	
管理层面	13	管理机构	43	1. 创新创业教育的专门组织机构情况 2. 创新创业教育管理人员配置情况 3. 创新创业教育管理工作运行状态	

续 表

一级指标	权重（%）	二级指标	权重（%）	评价观测点	评价等级 A B C D
		制度建设	57	1. 制定创新创业教育管理制度情况 2. 制定创新创业教育教学制度情况 3. 制定创新创业教育工作考核制度情况	
教学层面	21	课程体系	32	1. 课程体系建设及纳入人才培养方案状况 2. 课程设置体现学生发展取向情况 3. 配套的创新创业教育课程教学大纲制定情况	
		教学内容	10	1. 教学内容鲜活且目标明确 2. 对专业教学内容有益的补充与具体运用	
		教学模式	28	1. 专业教学渗透创新创业教育的教学模式 2. 理论传授与课堂模拟创业实践模式 3. 项目团队式的创新创业教学模式	
		教学改革	15	1. 贯穿专业教学过程的创新创业人才培养的教学改革情况 2. 创新创业教育的理论教学模式与方法改革情况 3. 创新创业教育实践教学模式改革情况	
		教学特色	15	1. 服务创业型体育人才培养的教学特色 2. 实践创新型体育人才培养的教学特色	
教师层面	23	教学理念	21	1. 自觉学习创新创业教育理论的意识 2. 将创新创业教育作为教育观念贯穿于专业教学	
		教学活动	49	1. 自觉指导学生创新创业实践活动情况 2. 以开发学生能力素质为中心的教学情况 3. 专业技术教学中培养学生创业心理品质情况	

续 表

一级指标	权重（%）	二级指标	权重（%）	评价观测点	评价等级 A B C D
		科研成果	30	1. 培养学生创新创业素质的科学研究课题情况 2. 创新创业教育研究的科研成果情况 3. 创新创业教育研究成果的获奖情况 4. 创新创业教育过程中的创新发明及社会影响力	
学生层面	18	创业意识	14	1. 具有强烈的自主创业动机和欲望 2. 具有不断探索、知难而进、顽强拼搏的创业精神 3. 具有较强的创业危机感和风险意识	
		创业心理	13	1. 具有较强的忍受力和耐挫力 2. 具有敏锐的洞察力和判断力 3. 具有较强的创新力，敢于打破常规 4. 具有诚实可信的心理品质 5. 具有较强的沟通意识与团队合作心理倾向	
		创业知识	16	1. 具有扎实的体育知识和实践动手技能 2. 具有一定的企业管理知识 3. 具有一定的法律常识 4. 具有一定的风险投资和融资知识	
		创业能力	17	1. 具有较强的专业实践技能 2. 具有较强的大脑活动能力 3. 具有较强的专业领域的创新能力 4. 具有较强的社交能力、合作能力、洽谈能力等 5. 具有较强的管理能力、协调管理能力 6. 具有较强的分析判断能力、决策能力 7. 具有较强的承受风险与再次创业的心理承受能力	
		竞赛获奖	22	1. 全体学生接受创新创业教育的参与率 2. 各级各类竞赛的获奖情况 3. 科技创新竞赛和创业计划大赛的获奖情况 4. 创新成果及社会影响力	

续　表

一级指标	权重(%)	二级指标	权重(%)	评价观测点	评价等级 A B C D
		职业资格	18	1. 专业技能考核模式及纳入课程考核情况 2. 体育职业资格证书考核模式与授予率	

二、实践平台建设

(一) 基于创新创业教育的校内实践孵化基地活动体系

学校利用自身的优势成立大学生创新创业活动中心或创办一些实体，为学生提供创新成果转化为生产力的基地，提供进行模拟创业建立虚拟公司的演习场所，提供亲身创业的实战体验。兴建创新创业园区是比较通用的做法，如建立科技开发创业园、商业服务创业园、信息技术创业园，以各种方式指导学生自主设计、创办、经营商业企业或科技公司，从事商务活动、技术发明、成果转让、科技服务。

可积极鼓励学生在不影响学习的情况下利用业余时间创立一些投资少、见效快、风险小的实体，使得学生充分体会创业实践过程，提升创业能力。

(二) 基于创新创业教育的第二课堂活动体系

第二课堂活动作为课内教学活动的有益补充和发展，是一种最能体现创新创业教育特点和性质、最能激发学生个性潜能的不可缺少的方式，同时又能创造条件促进学生面向现实需求，使其成为学生科技成果转化的孵化器和提高学生创业素质和能力锻炼的有效载体。基于创新创业教育的第二课堂实践活动创新体系如图 5－7 所示。

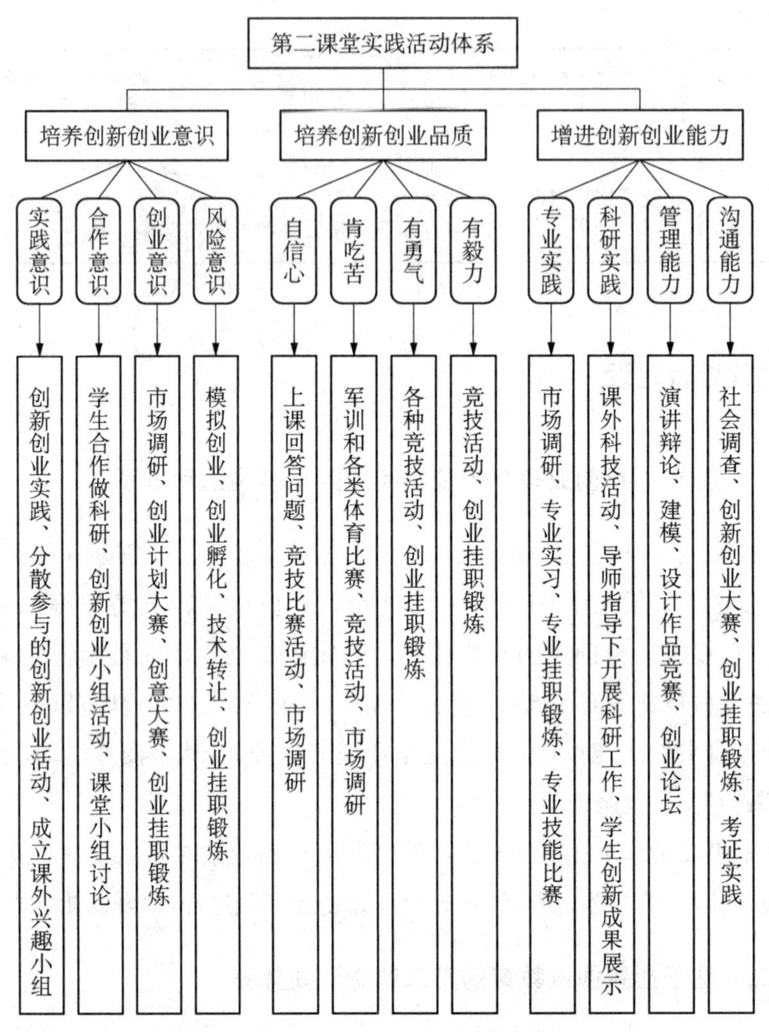

图 5-7 创新创业教育的第二课堂实践活动体系图

(三) 基于创新创业教育为导向的专业实践教学新模式

1. 基于创新创业教育的实验教学体系

将教学体系所包含的各门实验课,按照创新创业教育培养目标的要求,统一制定培养方案和教学大纲实施,适当增加自主型实验、综合型实验、开放型实验、设计型实验及应用型实验等。具体培养目标及培养体系如图5-8所示。

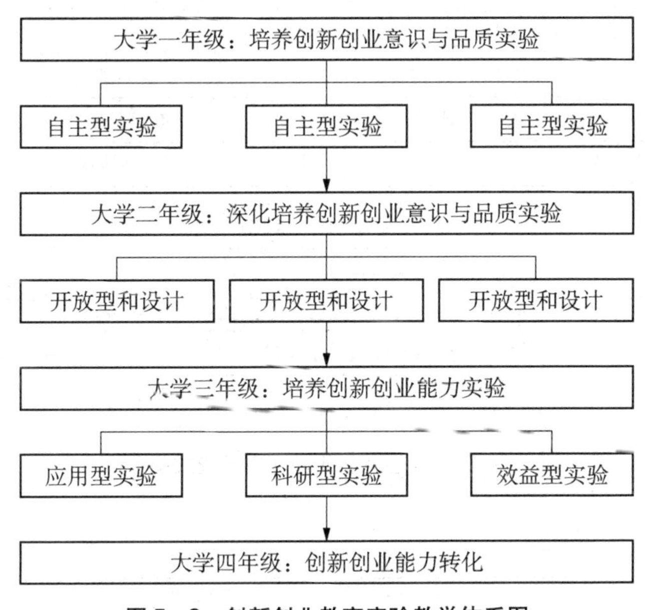

图5-8　创新创业教育实验教学体系图

2. 基于创新创业教育的实习模式

结合专业实习教学来培养学生的创新创业意识与创业品质。按照创新创业教育所要培养的主要目标，专业实习中可以采取创业公司实习模型，具体模式及实施过程如图5-9所示。

3. 基于创新创业教育的毕业论文（设计）模式

毕业论文（设计）是培养学生分析和解决实际问题、增强创新创业意识、提高独立工作能力的重要途径。基于创新创业教育的毕业论文（设计）模式可包括时间宽度延长、自主选题方式、成果形式多样化、指导模式多样化、过程控制以及成绩评定的改革等六个方面，具体如图5-10所示。

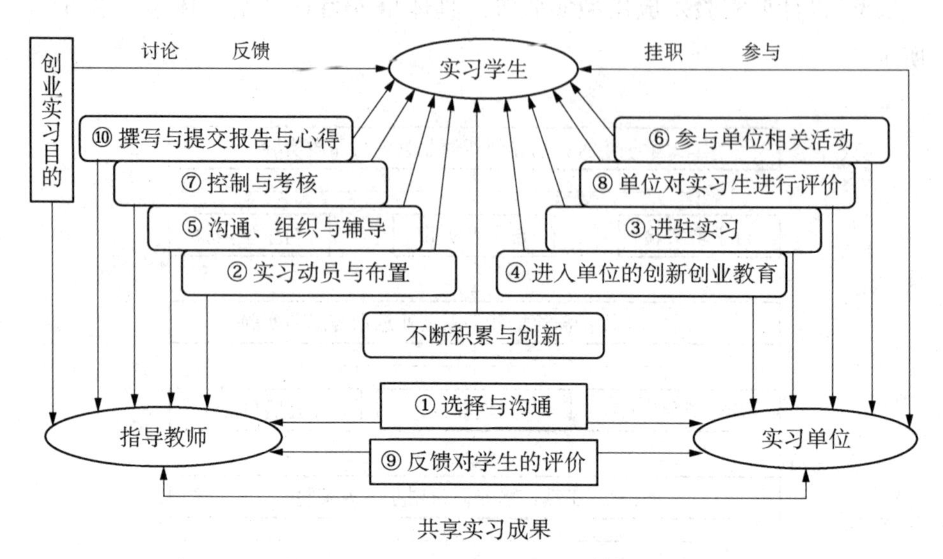

图 5-9 创新创业教育实习模式图

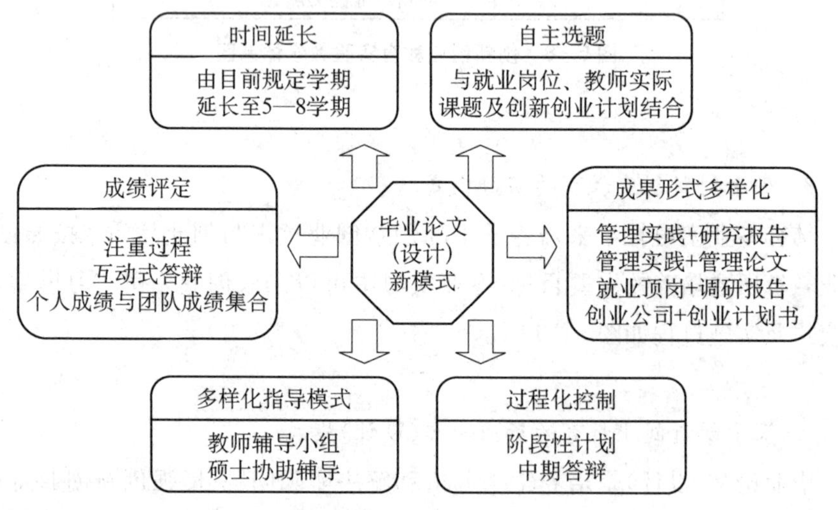

图 5-10 创新创业教育毕业论文(设计)模式

三、活动平台建设

（一）基于创新创业教育的校园网页平台模式活动

在学校网站上设置大学生创新创业教育专栏，搜集市场上的各种信息，向学生做详细介绍，并向学生推广创新成果、创业成功经验。设置创业政策与法规、创业典范、创新成果大赛、创业计划大赛、创业信息、创业咨询等栏目，给创新创业大学生提供准确、快捷的信息服务和指导。

（二）基于创新创业教育的社团、俱乐部模式活动

其一，聘请校内外专家、学者、教授及企业界人士对学生创新和创业活动进行指导、咨询、成果鉴定和信息发布，通过创新创业沙龙、创业论坛、人才论坛的讲座、学术报告等多种形式进行宣传，积极营造浓厚的创业氛围。

其二，成立创新创业俱乐部或社团等学生团体，开展研讨、辩论、科研竞赛、创业交流、创新创业知识培训班、创业计划大赛等活动。

其三，成立各种形式的创新创业园，指导学生开展自主设计，创办、经营企业、科技公司或体育商品经营店等创业实践活动，提高大学生创新创业能力。

四、社会平台建设

（一）基于创新创业教育的校企联合的实践孵化基地

学校主动与一些企业、公司、俱乐部等单位进行协调，建立产学研合作基地，搭建起一个合作模式的创新创业指导服务平台、培训平台和项目孵化平台。学生接受由企业管理人员组建的团队的指导，或者以“员工”的身份参与生产、销售或管理工作。

（二）基于专业优势的创新创业社会服务模式

学生依托学校或自发成立创新创业社会小分队，凭借专业技能优势或个人意愿，通过下企实践、社会调查、社区服务、培训辅导等实践活动，尤其是与社区建立良好的关系，以社区为教育载体，从中选取对象开展专业技术指导工作。在这一过程中，充分了解市场情况，在实践中积累经验，提高技能。

（三）基于职业资格的“设岗指导”的社会实践模式

学生在社会上选取一个岗位，自己选取指导对象，利用课余时间进行知识传授或专业技术指导。学校根据学生岗位的多少、被指导人员的反馈评价和参加学校专业技能比赛的成绩，得到学生专业技能的质量认可。对符合考核标准的学生颁发专业职业资格证书。学校将学生是否获得专业职业资格证书作为评优、毕业资格审查的重要标准之一。

第六章　高校创新创业型体育人才培养保障机制构建

创新创业型体育人才的培养离不开一定的保障机制，也就是说，只有在一定的保障机制下，才能确保创新创业型体育人才的培养工作得以顺利开展，也才能培养出更多的高质量体育人才。就目前来看，缺乏相应的保障机制是导致我国创新创业型体育人才培养工作难以获得更大突破的重要原因。相关保障机制主要体现在物力、财力、师资资源保障，以及组织系统和政策制度保障方面。本章就创新创业型体育人才培养保障机制的建立进行分析和探讨。

第一节　物力资源保障

一、加强建设高校创新实践基地

对于体育人才的创新能力和创新精神的培养来说，创新实践基地是其最重要的场所。由此可见，加强创新实践基地的建设对创新创业体育人才的培养有着非常重要的意义，也是一个非常重要的手段。

这就要求京津冀在协同发展的同时，注意加强对创新实践基地的建设，为创新创业教育打造一个全方位的支撑平台，创建一批创新创业基地，并对这些基地进行考核，根据具体情况来提供相应的经费支持。建立产学研创新创业基地，京津冀地区各高校的相关实验室和各级重点实验室都要面向学生开放，并向学生提供各类实验设备和仪器以及实验场地；针对各类实训中心，要通过创造更好的条件，使其成为对学生动手能力加以培养、组织和开展相关学术科技活动的重要场所，同时实现这些实训基地在课余时间也能够面向学生开放，这样能够为学生创造出更好的课外学习条件；大学中的科技园也应成为学生参与创新创业训练的重要场所，为学生提供相应的场地、设备、技术和相关服务支持，同时也提供必要的创新创业孵化服务。此外，所有高校都应进行思路创新，积极拓宽思路，科学地整合校内和校外资源，从而建设出更具多样化的创新创业教育实习实训基地，这样能够为学生更好地参与实践提供更加广阔的渠道。

二、积极构建创新创业的科学训练体系

既要确保所建设的创新创业实践基地更加高效，同时要构建出高校学生创新创业三级训练体系，即国家、省、校三级体系。加强创新创业训练体系中的项目建设，主要包括在校期间学生的创新训练项目、创业训练项目和创业实践项目。

创新训练项目是指学生团体或个人在导师的指导下自主完成创新性研究项目设计、相关研究条件准备，组织实施项目开展，撰写研究报告、成果交流与转化等工作。创业训练项目是指在导师指导下组织的创业训练，在实施过程中，项目组中的每一个成员都要承担一个或多个具体的角色，编制商业计划书、组织可行性研究与论证、模拟企业运行、参加企业实践、撰写创业报告等。创业实践项目是指在学校导师与企业导师的共同指导下，学生团队运用之前创新训练项目中所获得的成果，通过深入细致的研究提出一项具有市场发展前景的创新性产品或者相关服务，并以此为基础组织开展相关的创业实践活动。在创新创业实践活动中，要积极创造条件，来更好地帮助孵化那

些比较优秀的创新创业项目，从而更好地帮助这些体育人才实现创业梦想。

第二节 财力资源保障

一、财力资源保障的用途

实践性是创新创业最为重要的特征，这就需要有足够的经费投入来为其提供充足的财力资源保障。高校中各项设施的建设都需要有大量的经费投入，如图书馆、教室、实验室、现代化教学手段、实践基地建设等。各级政府、社会、高校在这一方面要给予足够的支持，也要加大投入的力度。一些具有较好条件的地区，也可以创建体育人才创新创业实践项目，为体育人才更好地参与创新创业实践活动提供小额经费等形式的支持。

二、财力资源保障的方式

作为创新创业教育的主体，高校在经费方面要采用多种渠道进行筹集，从而为更好地开展创新创业教育提供更为充足的经费保障。

这就要求各个高校都要设立一些用于支持创新创业教育发展方面的专项经费。常见的专项经费有很多形式，如学生创业种子基金、学生创新课题立项基金、创新创业支持基金、个性化指导资金、学生科技创业圈建设资金、实验室创新项目资金等，同时高校还要对学生的重点创新创业项目加以扶植。

第三节 组织系统保障

创新创业体育人才培养在组织系统方面的保障，主要体现在以下几个方面。

一、加强领导，落实责任制

创新创业体育人才的培养工作是一个非常系统的工程，如果只是依靠学校自身是很难完成的。除了依靠学校之外，政府相关部门和社会各界也应给予相应的支持。

（一）加强政府的领导

政府的领导作用，具体体现在以下几方面。

（1）对"创业政策、创业基地、创业教育、创业指导和服务"四位一体、整体推进的体制机制，政府要予以建立和健全，从而形成一个"学校抓好、政府促进、社会扶持、市场驱动"的良好局面，为创新创业体育人才的培养营造出一个积极的社会氛围。

（2）针对体育人才创新创业，政府应积极制定一些相应的政策和措施，同时还要评选一些创新创业教育示范学校、创业示范基地等，以此来更好地激发学校和学生积极地参与创新创业教育事业。

（3）在创新创业教育和创业实践基地建设方面，政府要不断加大支持和投入力度，对各个高校加强分类管理和指导。此外还要深入各高校、各院系以及师生之中，对高校的创新创业教育工作给予积极的督促与指导，对工作中所遇到的重点和难点问题要进行妥善解决。

（二）落实相关责任制

对于"一把手"工程，各高校也要予以认真实施，将领导责任制落到实处，这里所说的领导责任制主要是指主要领导亲自抓、负总责，分管领导全力抓、具体负责。

各个高校都要建立创新创业教育工作指导委员会。该委员会主要由学校主要领导牵头，分管校长、相关部门负责人参与，共同对学校创新创业教育工作进行指导、组织和实施，要切实做到资金、机构、人员和责任都落实到位。在这个委员会下要设立一个全新的创业教育中心，来具体负责学生日常创新创业教育管理工作，同时将学校各个职能部门的创新创业教育工作都集中到创新创业教育中心，从过去创新创业中心负责整体设计，并组织实施整个学校的创新创业教育，转变为多头管理。

此外，在高校各个院系中，还要组建与之相应的创新创业教育领导小组，可以由各院系的相关领导来担任组长或管理职务，对本院系的创新创业教育工作进行统筹协调。一些学校组织也要积极发展自身所具有的功能和作用，如学生社团联合会、学生会等，同时也要对各种创新创业活动进行积极组织和参与。

二、科学组织，精心操作

（一）抓住机遇，抓好落实

国家对创新创业体育人才的培养给予了充分的重视。高校应紧紧抓住这一机遇，来积极组织和开展各类创新创业教育工作，认真分析社会目前所呈现出来的各种新的发展形势，并对新的发展思路进行积极探索和研究，针对具体情况提出一系列新的举措，提出新的明确的要求，力求将学生创新创业工作放在重要的、突出的位置。

（二）因地制宜，改革创新

在模式方面，创新创业工作并不是固定的，其发展套路也不是统一的，由于各个高校面临着各自不同的发展机遇和挑战，这就需要在具体操作过程中，要结合自身实际，进行深入探索、创新和改革。

此外，由于在类型、层次等方面，各高校也都存在差别，这就造成了在办学特色、目标定位方面，各高校也有着很大的不同，由此可见，对那些能够将专业特色和区域特色充分体现出来的创新创业教育模式进行积极探索是非常重要的，在对既有经验加以认真借鉴的基础上来制定推进措施，从而使创新创业教育工作能够持续不断创新。

（三）抓住关键，重点突破

在高校中，创新创业教育工作涉及校内和校外的诸多方面，在具体的工作过程中，只有抓主要、抓重点，才能确保整体工作得以正常运转。在创新创业具体实践过程中，工作中心应放在课程设置、师资队伍、实践场地、资金投入等方面，在积极协调之下，争取获得地方教育部门及相关行政管理部门等各方面的支持。同时，还要对任何一项重点项目和重点政策进行切实推进，要细致安排好工作的时间节点等，并进行逐步落实。

（四）加强宣传，营造氛围

舆论宣传是创新创业教育得以顺利开展的最为有效的一种手段，它能够在创新创业教育工作开展的过程中营造出优良的社会氛围。

新闻宣传应成为各个高校对创新创业工作加以推进的重要内容，并予以落实，同时对高校创新创业工作中所获得的新的成效或做出的各种新举措都要通过各种方式积极宣传。同时也要定期组织一些有关创新创业教育的座谈会、经验交流会以及相关调研活动，对创新创业教育工作中的成功经验进行沟通和交流，并及时总结，对创新创业教育所获得的优秀成果积极推广，对创新创业教育成功的经验材料以及高校学生相关创业成功案例进行组织编写等，特别是要对那些学生的创新创业成功案例积极宣传，以使创新创业典型的激励和示范作用得以充分发挥出来，从而形成鼓励创业、注重创新的良好的社会氛围。

三、营造良好的校园创业文化

（一）营造校园创业文化

浓厚的校园创业文化氛围既能够为高校创新创业教育获得成功奠定良好的基础，又为开展创新创业活动提供重要保障，同时它也是促进学生创新创业能力得以更好培养的外部推动力。

详细地说，在营造校园创业文化方面主要从以下三个方面着手。

1. 进行多个方面的创业宣传

针对创业与国家经济发展之间的关系，高校通过采用各种方式进行大力宣传，对于国家和社会在创业人才方面的需求要加以了解，同时也要对于国家和地区为促进创业所采用的一系列相关措施和政策进行学习。高校要更好地推广创业教育与鼓励学生创业工作的各种成功经验和有效办法，同时也要宣传一些典型创业学生和优秀企业家的事例。

2. 开展多种形式的创业活动

高校要积极开展主题教育、学术科技、学术交流等多种形式的活动，从而在校园内营造出良好的创业氛围。同时，高校也要尽可能多地组织一些有关创新创业工作的赛事或活动，如创业性质的比赛、创业者学术报告、创业讲座等，以促使学生能够掌握更多的有关创业方面的知识和技能，在对学生视野加以开拓的同时，也能够使学生的创业积极性得到激发。此外，高校还可以多组织一些带领学生参观成功创业企业的相关展览等活动。通过学习和借鉴成功创业者的经验，更好调动学生的创业积极性。

3. 建立相应的鼓励与激励制度

对于学生参与各类创新创业活动方面，高校要制定出一些鼓励性的措施和制度,从而在校园内营造出良好的创业文化氛围。此外,针对创新创业,高校还要制定一些专项鼓励方案,对于在创新创业方面有突出成绩和贡献的学生要给予相应的奖励。

(二) 培养岗位创业意识

高校是对创新创业体育人才进行培养的重要基地。在专业学习中,岗位创业教育是一个创新过程。在高校中,学生当前所进行的专业学习就是为将来进行岗位实践做准备,也就是说,现在的创新学习就是为了未来进行岗位创业,这也是高校创业教育最需要,也是最有可能实现的。

高校在创新创业教育改革方面要将培养学生岗位创业意识作为重要思路,同时学生在此过程中也要付出更多的努力。在过去,学生的就业观念就是在毕业之后找工作。这种观念必须要改变,学生要对创新创业在个人全面发展方面的现实意义和作用有一个清醒的认识,并在社会市场竞争中积极参与创业实践或创业。在具体学习过程中,对于所遇到的各种问题,学生都应积极去寻求解决问题的途径和方法。在学习专业知识的过程中,高校学生对于各种社会实践活动都要广泛参与,以促使与创业相关的各种能力得到有效提升。总体来说,在创新创业过程中,学生都要具有充足的自信。

四、优化创业实践的高校环境

(一) 制定高校学生创业的相关政策

相关实践证明,在培养创新创业体育人才的过程中,政策扶持手段能够为这一过程提供重要的保障。

首先,对于与高校学生创业相关的诸多重要问题,政府能够发挥重要作用,如租赁、税收、劳动、创业启动资金等方面。在以上这些方面,政府都能够对创新创业教育给予相应的支持和帮助。此外,对于高校学生创业活动,政府还可以采用各种有效的措施来予以支持，这样能够更好地使高校学生创业所遇到的各种问题得到有效解决。

其次，政府与其他相关管理部门也要加强协调和交流，全方位地考虑一系列政策的实效性和连续性，从而使所建立的法律法规更加体系化。

最后，对于相关政策的实施和落实情况，政府也要给予充分关注，并相应加强监督管理工作，这样能够使相关政策得以有效落实。

（二）优化高校学生创业的社会环境

从本质上来说，无论是在观念转变还是行为选择方面，高校学生进行创业活动是一种非常具有冒险性的行为，特别是在创业实践过程中，创业者所进行的就是一种事关成败的冒险。在这一过程中，良好的社会环境能够发挥出重要的积极作用。

对于高校学生的创业行为，社会应当给予更多的理解，要给予创业企业积极的支持和鼓励。一些相关机构和社会团体也应承担其各自所应承担的社会责任。在高校学生创业意识、创业动机和创业行为方面，良好的社会环境能够发挥出更加积极的作用。

首先，对于成功的创业经验和优秀创业典型要采用多种媒介手段进行宣传，以使人们能够更为深入地认识创新创业，从而使创新创业观念深入人心。

其次，对于在创业活动及相关领域活动中取得突出成绩和作出贡献的团体和个人，高校都要制定出政策、措施给予相应的物质和精神奖励。积极引导社会上的各个组织机构和社会团体来广泛探索创业的政策、法律、社会环境等，积极树立那些自主创业的典型案例，正确引导和把握好有关创业的社会舆论导向。这样才能使社会更加认可高校学生的创业行为，从而使创新创业成为高校学生走向成功的重要途径之一。

第四节 政策制度保障

一、建立政策制度的前提

对人进行控制并不是高校教学管理制度的目的，在高校教学管理中要始终坚持以人为本的理念，并将师生的发展作为教育之本。要坚持人才在知识、能力、素质方面协调发展的基本定位，目标主要是在对人的价值予以尊重的基础上谋求人的全面发展，将教学管理更好地同引导人、发展人、服务人、激励人等方面进行有效结合，以使学生及其个性得到更全面、更好的发展，进一步提升人才培养的质量。

在创新创业体育人才培养工作中，始终贯彻以人为本的理念，就是要求在制定相关制度以及实施方面切实执行民主管理、民主决策、民主监督，这也是对创新创业体育人才进行培养的重要基础。

在建立以人为本的管理制度的过程中，要做好以下几个方面。

（一）从制度生成程序与参与者上确保以人为本

对以人为本在管理制度中最终得以体现产生影响的因素主要有两个：一是生成程序，二是参与者。

民主是以程序为核心的，这也为实体权利提供了非常重要的保障。在制度生成程序方面，要想将制度的科学性和以人为本充分体现出来，就要将过去传统理念所形成的制约打破，由过去对师生理念的管控转变为为师生提供服务，对师生员工的主体地位、人格、价值和个性需求给予充分尊重，促使师生员工的责任感和自主意识得到不断培养和激发，要使制度生成程序成为师生进行交流和互动的平台，促使他们能够广泛参与制度生成程序，也就是鼓励广大师生广泛参与制度生成程序的各个环节，如制度征求意见、修改、讨论、审议等环节。特别是对于学生这一特殊群体，要将以学生为中心的教育理念认真落实，确保他们能够在制度生成程序中拥有一定的话语权。

（二）从制度内容中体现以人为本

在教学管理制度内容方面，以人为本主要从以下几个方面体现出来。

（1）应该多从师生员工的价值尺度来对问题进行分析、思考和解决。

（2）确保利益在各个群体中达到均衡。虽然就总目标来看，教师、学生、管理者和员工是保持一致的，但就具体目标而言，他们又存在着很大的不同之处，呈现出多元化发展趋势。这就要求我们在设计相关管理制度内容方面，在使高校发展得以确保的前提下，使各个群体的利益都能够得到兼顾，最终实现每一个群体自我发展的需求，充分调动每一个群体所具有的潜在积极性，以促使他们在高校建设中能够全身心投入其中。

（3）对于制度的具体内容要根据相关法律法规进行完善。借助于制度的力量来对具体的行为进行规范，化解各种矛盾，更好地对秩序进行维护，从而更好地保证高校得到和谐、稳定的发展。

（三）在制度执行中体现以人为本

制定了制度而不去贯彻实施，那么它就是一纸空文。而制度的实施所获得的成效对学校的稳定、有序发展有着直接影响，同时也直接关系到以人为本理念在制度当中具体落实的情况。这就需要我们在落实制度的过程中加强相应的监督工作。这也需要师生员工的广泛、积极的参与，通过监督工作，来认真行使自身所具有的民主权利，从而在制度的贯彻执行中形成一股强大的合力，同时根据具体执行中所遇到的问题来做出相应的调整和完善。

为了更好地做好高校教学管理制度保障工作，需要建立一些相关制度并加以完善，如学分制及其配套制度、教学绩效考核与激励机制、教学评价制度、教学质量监控体系。以上这些制度各自具有独特的功能，并且这些制度相互联系、相互依存，共同为教学质量的提高提供重要保障。

二、政策制度保障的措施

（一）建立并完善学分制及其配套制度

开展创新创业教育工作最为关键的就是要提供一个良好的教学环境，更好地促进学生的个性发展，并激发学生的潜能，使学生成为学习与自我发展的主体，让学生在具体的学习过程中拥有自主选择的权利，并获得进行学习思考的乐趣，充分发挥他们所具有的智慧和潜能，促进其得到良好发展。事实证明，只有贯彻实施学分制，才能真正实现这一点。

学分制在我国各个高校中基本得到实施，但由于受到一些因素的影响，一些学校并没有使学分制得到真正意义上的落实：有一些学校所实施的是学年学分制；有些学校由于师资力量不足，选课不能选教师，这就很难在教师队伍中建立相应的激励与竞争机制，使得对于教学方法的改革工作很难得以推行到位，很难促进教学效果得到明显提升。这就需要我们通过增强改革力度，来保障学分制能够在高校中得到真正落实。在实施学分制的过程中，还应对其相配套的选课制、弹性学制、双学位制、主辅制、学籍管理、导师制、信息管理系统等相关制度予以建立并完善。

从本质上来说，学分制能够将以人为本的理念体现出来。它是一种能够帮助学生个性得以更好发展、适应创造型人才培养的柔性管理制度。在我国高校中，学分制是在改革教学管理方面一项非常重要的措施，但从具体的改革实践来看，学分制的多样化会使得教学管理变得更加复杂，这使得在管理学生方面面临着非常大的挑战。这就要求我们在学分制条件下，对高校教学管理模式进行不断探索。

正是因为在学分制方面面临的情况非常复杂，人工管理很难适应，这就需要在具体的教学管理中以现代化信息技术手段作为支撑，促使教学管理水平得到不断提高，同时将更加优质的服务提供给学生。通过借助于学校的校内网络来搭建其教学管理信息系统，以更好地实现教学管理的信息化和网络化，并做到有序管理，共享数据。

一般来说，教学管理信息系统包含若干相对独立的子系统，诸如收费管理、学籍管理、计划管理、教学质量评估与监控、成绩管理、教学查询、课程设置与选课、排课等，正是在这些子系统的协调和配合下，教学管理信息系统具有多种不同的作用和功能。

（二）建立并完善教学评价制度

教学评价制度具有很多作用，如激励、导向、监控教学质量等。如果不改革当前所实施的“重科研、轻教学”的教学评价制度，就很难顺利实施和推行创新创业教育。

对教学评价制度进行改革和完善，是当前我国高校改革所面临的一项重要任务。对教学评价制度进行建立和完善，使之与创新创业教育相适应，能够对教师予以积极引导，促使其将主要精力投入教学工作中，发展学生个性，并促进学生的全面发展；能够从宏观层面有效加强对整个系统的指导与管理，并在其督促下达到基本的教学质量要求；能够对学校整体工作进行优化，以更好地保证创新创业教育不断向着正确的方向发展。

在建立教学质量评价制度方面，要注意做好以下几个方面。

1. 建立科学的教学质量标准

对于教学质量的评价来说，教学质量标准是最为重要的评价参考依据。与传统教学评价制度不同的是，创新创业教育的教学质量评价是一种目标多且复杂的评价系统。

在质量标准中，要将模糊指标和量化指标有机结合。量化管理是一种常用的、科学的管理方法，它能够促使教学质量管理更加规范化和标准化。但如果仅仅凭借量化数据来衡量师生的能力水平，很难将师生的真正实力客观反映出来。一些方面需要加以量化，而另一些方面则需要进行模糊处理。正是因为学校存在着大量的模糊现象，这也为进行模糊管理提供了必要的客观基础，因此只有将量化指标与模糊指标加以有效结合才能更加接近于公正、客观。例如，在考核学生的学习质量时，首先将学生的考试成绩作为重要的量化指标，但不能将其作为唯一的评价依据，还要考核学生的思想品德素质，并对学生的专业能力、实践能力、创新思维、创新能力等通过设计、试验和调研等方式来进行考核。例如，好与差都是多层次、多方面的，很难根据学生评价的结果来判定教师的水平，一些学生可能因为教师在平时教学中过于严格，而在对该教师评价时往往会给出差评，而有些学生常常将这类教师视为好导师，而对他们的教学能力给出了肯定性评价。

综上可知，很难通过一个固定的指标来对教师的教学水平做出评定。但就整体来说，优秀的教师一定是知识广博、道德高尚并受到广大学生爱戴的。

2. 做好信息材料收集工作

要组建信息队伍，该队伍主要由教师、学生、管理人员和专家共同组成。采用多种方式进行信息收集工作，如巡视、听课、校园网上信箱、定期下发和收集调查表、网上征求意见等，将其作为教学评价的有效依据，同时也将全员参与教学质量管理这一理念更好地体现出来。

（三）建立并完善教学绩效考核与激励机制

在目前我国高校教学管理体系中，绩效考核是其中一个非常重要的环节。所谓绩效考核就是对师生在教学中的行为和获得的效果，通过系统的方法来进行测量和评定。

绩效考核是一个指标体系。在学校绩效考核指标中应将创新创业考核指标纳入进来。通过对绩效目标进行制定，能够促使学校总目标得以不断传递下去，并使其不断转化成学校每个成员的具体工作目标，将行为和责任融为一体。通过开展绩效考核，能够更好地帮助师生对自己的工作方向和奋斗目标加以明确，清晰地认识自己所具有的缺点、优势以及今后为之努力奋进的目标，以使师生的主动性得到最大限度的调动，不断提高教学质量。

在教学管理中，激励机制是其中一项非常重要的机制，其目的就是要使人的积极性得到调动，并将关心人、激励人、尊重人作为基本原则。在创新创业体育人才培养方面要对激励机制加以充分利用，使教师学生创新创业教学工作的活力得到不断激发。此外，还要将教学评价、绩效考核同教师职称评聘、奖励、分配挂钩，对那些在绩效考核、教学评价、指导学生方面获得好评的教师以及参与各类创新创业比赛和活动获得突出成绩的学生进行奖励。

第五节 师资力量保障

在师资力量保障方面，创新创业教育工作应做好以下几个方面的内容。

一、对源头进行严格把关

在师资力量保障方面，要对教师准入制度不断完善并严格要求，同时还要根据教师的具体任职学历标准、品行要求等严把入口关，从而选择出真正优秀的适合教师职业的人加入教师队伍中，这样能够确保高校教师队伍质量得到不断提高。此外，还要吸收那些具有扎实专业基础知识和创新性思维的人才，鼓励他们加入高校教学工作中，从而使高校的教学工作具有充分的创造力和活力。

高校教师的职前教育开始于大学阶段的教师教育，其中有一部分教师接受了硕士、博士阶段的研究生教育。高校教师职后培训主要是在大学、教师进修学校作为基础的前提下，以学科为中心，在教育行政部门以及学校的共同管理和组织下进行培训，或参与多种形式的研讨会、运动技能培训等来促使自身的理论知识水平和技术水平得到不断提升。

通过多年的不断变革，我国的教育思想得到了进一步解放。我国教师的培养也具备了相应的合理性和合法性基础，对于教师的职前教育和再进修的连贯性给予充分的重视，这更好地保证了教师得到持续不断的、阶段性的成长。对教师这一职业做出了界定，并将教师的专业化特点予以体现出来，同时也提出了教师教育专业化的相关理念；也促使教师从之前的知识传播者转变为专家型、研究型的角色。这也是“教师教育”与“师范教育”从理念意义层面存在的根本区别。

二、积极开展相关研究工作

对于那些具有较好条件的高校，要组建学生创新创业教育教研室，同时对场地设施、专业人员、研究经费等工作进行组织和安排，以更好地促进学生创新创业教育教学及其研究工作得到顺利开展。

同时，学校还要组织各个专业的教师和就业指导教师针对创新创业教育理论及相关案例进行有针对性的研究，并在研究的过程中促使教师创新创业教育教学水平得到不断提升。只有如此，才能促使高校创新创业教育教学工作得到更好的推动、发展。

三、大力加强师德的建设

（一）良好的道德品质

除了政治思想正确、坚定，高校教师还要有强烈的责任感和事业心，同时还要有良好的道德品质和个人修养，做到以身作则、严以律己、衣着整洁、谈吐文雅、精神饱满、举止文明等。特别是在当前市场经济条件下，要对那些享乐主义、拜金主义、极端个人主义等腐朽思想的侵蚀进行坚决抵制，能够清醒地认识和把握好自己所应承担的教育重任。

（二）先进的现代教育思想与教育观念

对于高校教师素质而言，必须具备现代教育思想和先进的教育观念，这是评价优秀教师素质的重要标准。思维观念是人类高层次心理需要的反映，能够促使其产生一种强大的内驱力，从而更好地激励与调节教学行为。对于高校教师而言，首先要具备先进的教育思想与现代教学观念，具备全新的人才观、质量观、教学观与学生观。具体而言，就是要转变机械式传道授业行为，建立以提高学生综合素质并为学生服务的教育意识，将之前那种传统的教育评价与考核观念转变为因材施教，注重提高学生全面素质水平、创新创业能力以及进步度评价的教育理念，从重讲授灌输转变为重启发引导、重能力训练的教学观念，为学生未来发展打下一个坚实的素质能力功底。着力培养具有良好人格品质、宽泛知识结构和深厚能力素质的学生，并以此带动学生创新创业能力发展，促进学生形成活泼、生动、主动的性格特质。

四、加大政策方面的支持力度

（一）确立创新创业教育工作的发展目标

只有确立好正确的发展目标，才能对创新创业教育工作进行引导，使其得到不断发展。根据创业教育发展的现状和经验以及对前景的科学分析，来合理地制定创新创业教育工作的发展目标。

（二）出台一系列的扶持政策

在对发展目标进行明确的基础上，为了更好地促进创新创业教育工作的发展，政府还要制定出一系列相应的扶植政策来作为保证。依据创新创业教育工作所具有的特征，政府要制定出相应的措施，同时要支持创新创业教育工作中的重点内容。创新创业教育工作结合我国基本国情来看，有着很多方面的发展优势，这就要求我们要对其进行积极挖掘，同时也要出台一些相应的扶植政策。

（三）不断健全相关的法律法规

高校创新创业教育工作必须在健全的市场法律法规体系作为保证的前提下才能得到更好发展，唯有如此，才能对创新创业教育工作加以规范和引导，从而创造出良好的环境促进其健康持续发展。

五、促使教师的业务水平不断提高

促使教师业务水平的不断提高主要是要求做好相应的培养培训规划。对在职教师的教学水平和专业水平要进行有计划、有步骤的提升。

（一）采取各种激励措施

通过采用一系列激励措施，来更好地引导教师参与脱产研修、在职培训、学术交流、攻读学位、职称考试、项目资助、定期到企业挂职锻炼、参与社会行业的相关创新创业实践等，对教学骨干、学术带头人、“双师型”教师进行培养，从而更好地打造出优秀的高校教师队伍。

（二）注重优秀教师的培养

加强对优秀教师的培养。为了更好地促进青年教师的发展，要创造出更多的机会，提供有利于其发展的条件，以使他们能够在教师队伍中脱颖而出。要将中青年教师和创新团队作为培养重点，从而建设一支高素质的高校教师队伍。要积极推动跨单位、跨学科合作，从而形成一个具有较高教学和科研水平的创新团队。对人事管理和薪酬分配的方式加以创新，以更好地保障教师能够全身心地投入教学科研中。

第七章 高校创新创业型体育人才培养战略趋势研究

创新创业型体育人才培养战略趋势，在一定程度上反映了当前体育人才的发展方向和目标，因此，对创新创业型体育人才战略趋势进行分析和研究有着非常重要的意义。本章主要从目标定位、规划制定、模式构建、创业计划以及评价体系几个方面入手，来对创新创业型体育人才的战略趋势进行全面且深入的剖析，从而为创新创业型体育人才战略的发展和实施奠定良好的基础。

第一节 创新创业型体育人才培养目标定位

一、将学生的创业意识激发出来

对于人才培养来说，教育活动是一项重要的社会活动，通过教育活动能够有效提高我国国民素质。这对于创新创业型体育人才的培养也同样适用。

在培养创新创业型体育人才时，首先要做好主体意识的培养，这是非常重要的。具体来说，就是要通过多种手段，来使创新创业型体育人才的依赖性和被动性得到有效的改善，同时，能够使环境适应能力和独立思考能力得到有效提升，进而使自身的主动性和创造性得到发展和提高。对于创业者来说,囿于陈规是最大的障碍,因此,这就要求其必须具有敢于挑战权威的优良品质。其次,创业者要不断发展自我、开拓进取,从而使自身得到进一步的发展。要想成为一名个性鲜明的创新创业型体育人才,创业教育是一条重要的途径。

就业难是非常重要的社会问题,要解决这一问题,创业这一途径不可忽视,并且往往能够取得理想的成效。因此,这就要求积极鼓励大学生进行创业。另外,在创新创业教育过程中,还要通过各种方式和途径来促使学生的就业观念有所转变,使其具有良好的创业精神,并且将自信心树立起来,以此来使个人价值得到充分体现。

当前,我国的很多高校都开设了创业教育课,而有些大学则在工商管理类下设立了创业管理方向,积极培养学生的创业意识,同时,还营造出良好的创业氛围。我国高校的创业教育课程中,往往包含着两种形式,即必修课程和选修课程,其教学过程可以分为两个阶段,即本科生和研究生。由此可以看出,这种多途径、多层次的教育方式能够积极促使学生将其创业意识充分激发出来,具有非常重要的现实意义。

二、使相关创业知识得到进一步补充和丰富

对于创业的学生来说,不仅要具有一定的创业意识,还要具有丰富的知识储备。但是,当前的实际情况则是,高校教学过程中,学生所学的知识往往只限于校园和课堂,但是,却比较缺乏创业方面的知识。

对于学生创业者来说,必须具备一定的创业基础,即具有扎实的专业知识。与此同时,也要广泛涉猎其他一些非专业知识,从而能够更好地为创业服务。除此之外,相应的企业管理知识、商业知识和法律知识等对于创业也有着重要的作用,因此,也是创业学生需要具备的重要知识。

三、对学生创业能力进行培养和提升

一般来说，具有创业思想的学生，往往都具有一些共性的特点，比如，具有较为独特的思维，能够挣脱陈规的束缚，在遇到事情时具有较强的随机应变能力，自身的创造性也能得到较为充分的发挥；对于外界环境的变化具有较强的适应能力，能有效摆脱惯性思维，发现问题和解决问题的能力也比一般人要强一些。

创业能力并不是单一的，而是多元化的。因此，这就要求在创业教学过程中，对学生的组织决策能力、与人沟通合作的能力、自我管理能力、社交能力等进行重点培养。需要强调的是，创业的过程并不是一帆风顺的，而是非常艰苦的，并且最终不一定能成功，可以说，创业的成功率在很大程度上取决于创业能力的强弱。因此，培养和提升创业能力，对于创业者来说是非常重要且必要的。

要想使学生的创业能力得到有效培养和提升，需要借助于多种不同的手段。课堂教学和相应的实习、实践活动是较为常见的手段。

四、使创业成功率得以有效提高

创业过程是非常复杂的，因此，存在各种不确定因素。成功的创业就是能够很好地将这些问题处理掉，如果不能妥善处理，就可能导致创业的失败。从相关的调查资料可以看出，大学生创业的失败率非常高，达到 90%，甚至更高。一般来说，创业者在创业期间都是自信心非常强，并且坚信自己能够创业成功，但是，最终能够成功的人寥寥无几。因此，这就要求在提高其创业自信的同时，也要使其创业知识和创业技能得到全面提高，使创业的风险尽可能降低，从而使创业的成功率有所提升。

当前，经济全球化程度越来越高，再加上我国各方面的支持政策和措施，一批具有开阔视野和广博知识的创业者掀起了一股创业热潮。需要强调的是，在创业人才的培养过程中，要对学生发现和把握市场机遇、发现潜在的市场、树立市场开拓意识进行积极引导，从而使其具备的知识和能力满足社会发展的需要，从而使其创业的成功率有所提升。

在创业教学过程中，有效提高创业成功率的方法和途径主要有以下几个方面。

第一，教学应立足于现实，把握经济发展的趋势，保持对经济和市场的敏感。

第二，教师在开展创新创业教育时，还要对学生的市场开拓意识进行重点培养，使学生能对当前的市场有深入的了解和认识，从而对市场规律有更加准确的把握。

第三，在教学过程中，教师要对学生的独立思维能力加以培养，使学生能够养成良好的思维习惯，能够从多个角度来发现问题、解决问题。

第四，学生本身在积极学习的同时，也应该适当摈弃或者转变一些传统的市场观念，这对于创业市场的开拓往往会产生积极的影响。

第二节 创新创业型体育人才培养规划制定

要制定出科学合理的创新创业型体育人才培养规划，不仅要遵循一定的原则，还要采取适当的策略，二者缺一不可。

一、创新创业型体育人才培养规划制定的原则

在制定创新创业型体育人才培养规划的过程中，需要遵循以下几个方面的原则。

（一）效率原则

当前，我国创新创业教育已经取到了一定的成效，但是，仍然存在一些问题亟需解决，较为常见的有投入成本高、时间消耗多、学生学习激情不高、师资力量不足等。为了弥补这些不足，需要进一步完善我国的创新创业教育。在创新创业体育人才培养规划的制定中，首先要将创业教育的目标明确下来，然后选择的教学内容要尽可能丰富，同时，所采用的教育模式也要与创新创业教育规律相符。在选择教学方法时，实践性很强的教学方法往往是较为合适的。做好这几个方面的工作，可能会对创新创业型体育人才培养与教育效率的提高起到积极的促进作用，从而使学校的教育投入成本有较好的回收，进而更好地培养高素质的创新创业型体育人才。

（二）满足个人特征需要原则

创新创业型体育人才的培养，不仅要进行理论知识方面的培养，还要进行必要的实践教育。具体来说，这方面的需求可以大致分为两个方面：一是市场对学生的需求，二是体育专业学生群体的需求。

创新创业型体育人才培养的创业实践教育往往是形式多样的，这就要求学校要尽可能多地开展不同形式的创业实践教育活动，同时，还要对学生的个人特征需要进行充分考虑。具体来说，主要涉及体育专业学生的学习特征、个性特征以及职业发展需求等，除此之外，还要将其与体育专业教育有机结合起来。

一般情况下，具体的实践创业活动是形式多样的，并没有特殊的规定，可以是校园文化活动、校外实践活动、体育专业实习或见习等形式的活动。通过这些活动的参与，学生往往能够将自己的发展方向与社会发展的需求结合起来，这对于自身创业素质与综合素质的不断提高与完善会起到积极的促进作用，不仅能够较好地满足其创业发展要求，同时，还能够使适应经济社会发展要求的能力得到进一步提高。

(三) 满足社会需要原则

对于创新创业型体育人才来说,要创业,首先要达到的一个基本目标,就是适应生存需要。在此基础上,才能够追求更高层次的目标,也就是所谓的适应发展的需要。

在创新创业型体育人才的培养规划过程中遵循满足社会需要原则,具体来说,就是要做到以体育人才的全面发展为基本思想,在培养过程中,要使课堂教学与校园活动、校园活动与社会实践活动有机结合起来,从而为创新创业型体育专业的学生参与社会创业实践活动提供更多的机会,使与社会、与体育企业或行业之间的交流和互动得到进一步加强,积极培养体育专业学生的创业素质与创业技能,使学生创业竞争力得到有效提升,使创新创业型体育人才全面发展的目标得以顺利实现,从而使这部分人才能够满足社会发展的需要,并且能够在一定程度上为社会发展作出自己应有的贡献。

(四) 满足职业需要原则

对于创新创业型体育人才的培养规划来说,在满足了社会和个人需求之后,还要使其职业需要得到满足。学校在实施创新创业实践教育的过程中,要充分发挥价值趋向的教育引导作用。具体来说,要做到以下几个方面。

第一,学校要与时俱进,及时转变一些传统的教育观念,并且要建立起先进的教育观念,从而对创业的内涵有更加深入的理解和认识,同时,也要通过各种途径来使学生形成一种正确的认识,即创业不仅是一种职业选择,也能够代表一个人的生活方式及其对生活的态度。

第二,学校要想方设法将体育专业学生的创业热情充分激发出来,同时,还要使学生为国家和社会的建设与发展贡献自己力量的想法和信念得到进一步的强化。

第三,创新创业型体育人才培养过程中,要想有效避免学生从传统意义的角度上理解就业的现象,就需要通过学生参与创新创业价值导向实践教育，对学生自身创新创业的动力产生重要的刺激作用。

二、创新创业型体育人才培养规划制定的策略

在制定创新创业型体育人才培养规划时，需要采取科学的策略，从而保证其顺利实施。具体来说，可以从以下三个方面入手。

（一）因“群”施教

所谓因“群”施教，就是要求学校要以现阶段体育专业学生的群体分化现状为依据，来开展创新创业实践教育。具体来说，就是要分别对不同学生群体的特征进行相应的分析，有针对性地确定不同的创新创业实践教育目标，还要以不同学生群体的特征为主要依据来选择适宜的创新创业教育形式与载体。

要做到上述几个方面的要求，可以采取以下具体策略。

第一，可以通过不同类型、不同载体来开展相应的创业实践教育活动。

第二，学校要注重创业氛围的营造，因为良好的创业氛围对于学生创业激情的激发是有重要的促进作用的。

第三，学校要对体育专业的学生进行有针对性的创业方面的培养。对于有着高涨的创业激情的学生，可以为其提供创业实践平台，在实践中使其创业需求得到满足，同时，也进一步锻炼自身的创业技能；而对于那些没有创业激情的学生，则要首先对其进行思想教育，从而使其在了解就业动向的基础上，逐渐转变思想，另外，通过各种措施积极鼓励学生参与创业实践。这时要注意，切忌采用威逼政策，否则会起到相反的作用。

（二）因“势”施教

创新创业型体育人才的培养，会随着社会的不断发展而产生一定的变化，因此，这就要求学校在实施创新创业实践教育时，一定要与当前的时代特征有机结合起来，以不同年级的体育专业学生为主要依据，有针对性地开展

相应的创业实践活动。同时，加强创新创业型体育人才对专业知识的掌握，在此基础上，使学生将创新创业的意识和精神树立起来，由此，学生能够对自身有一个正确的了解和认识，然后以此为依据，对自己的潜力进行准确预估，进而通过各种措施将自身的潜力激发出来，最终保证创业的较高的成功率。

要做到上述要求，学校就必须保证创新创业实践教育的顺利实施，而这需要多种形式的活动项目为载体。在开展活动的过程中，不要仅限于校园，还要充分利用相关的一些资源，比如大学生创新创业中心、创新创业见习基地等平台。除此之外，学校也要及时将国内外最新的创新创业信息传达给体育专业的学生，使学生对最新的创业信息有及时的了解，同时，教师也要引导学生对当前的创业形势和相关政策进行相应的分析，使学生能够在明确和掌握创业现状与最前沿的信息的基础上，有针对性和目的性地去创业，为创业成功奠定良好的基础。

（三）因“材”施教

由于体育专业的学生之间存在着一定的个体差异，因此，这就要求学校在开展创新创业实践教育时，一定要以学生的个体特点为依据来因材施教。具体来说，首先，要将不同学生的不同教育目标确定下来。其次，需要选择适当的教育载体，并且通过灵活多样的形式充分发挥学生的自主选择权，并且帮助学生选择自己喜欢的实践教育方式，因为这些都有助于其最大限度地将才能发挥出来，从而使创业需求得到满足。

第三节 创新创业型体育人才培养模式构建

一、构建创新创业型体育人才培养模式的总体指导思想

我国创新创业人才培养模式的总体指导思想主要有以下几个方面。

（1）严格贯彻和实施党和国家的教育方针，遵循高等教育教学规律，全面落实《国家中长期教育改革和发展规划纲要（2010—2020）》和“本科教学工程”“专业综合改革”的有关要求，将“宽口径、厚基础、高素质、强能力、广适应”作为总的要求。

（2）方针：面向全体、基于专业、分类教学、强化实践。

（3）导向：服务国家发展战略和适应社会经济发展。

（4）目标：学生全面发展和个性发展。

（5）核心：增强社会责任感、塑造健全人格、培养创新创业精神和创新创业能力。

（6）重点：改革创新人才培养模式、提高人才培养水平。

（7）从学校和各专业的实际出发，将多层次、宽领域、面向广的创新创业人才培养体系建立起来，全面推进素质教育，培养实践能力和创新创业能力强的高素质人才。

二、构建创新创业型体育人才培养模式的基本原则

（一）将创新创业教育与体育专业教育有机结合

创新创业教育并不是单独进行的，而是要与专业教育结合起来，换句话说，这两者之间并不是相互排斥的关系。另外，对创新创业型体育人才进行培养，首先要对体育人才进行科学、准确的定位，然后，将创新创业多样化人才的教育纳入体育人才培养体系中来，使创新创业教育与体育专业的有机融合得到有效实现，使学校创新创业型体育人才培养和教育得以科学有效的实施。

（二）科学精神与人文精神并重

高校创新创业体育人才培养模式的合理构建应坚持人文社会科学教育

课程、自然科学教育课程、体育教育课程三者并重，使学生既是体育专业人才，同时又具有人文关怀和社会责任感。

未来社会所需要的全面发展的创新创业型体育人才要同时具有科学精神与人文精神。具体来说，科学精神是一种追求科学的态度，独立思考、严谨规范、求真务实、开拓创新是其内涵和要求所在。而人文精神将以人为本作为核心，对人的价值非常重视，尊重人，关爱社会和自然发展，强调的是对人生意义及其价值的关怀，这些可以从具体的世界观、人生观和价值观上得到充分体现。

（三）注重创新创业人格的塑造

良好的人格是成才的重要基础。创新创业型体育人才的培养一定要高度重视学生健全人格的塑造，意识、人格、知识、能力是成才的重要基础，不可或缺（见图 7－1）。

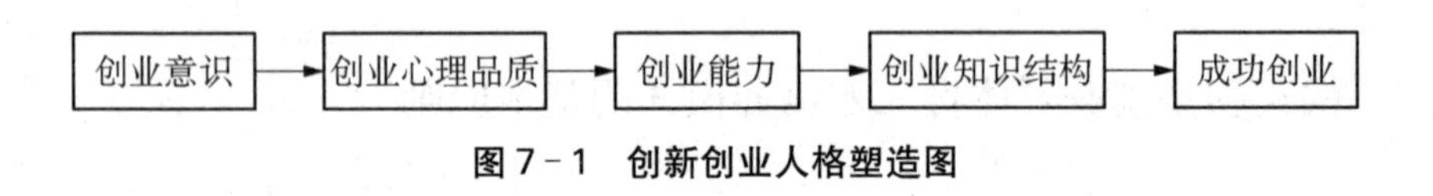

图 7－1　创新创业人格塑造图

健全、独立的人格作为创新创业素质能力的思想与心理的支撑，能够较好地将个体创新意识充分激发出来。创新创业型体育人才要想成为领军人物，就必须具有健全、独立的人格，尤其是高层次创新创业人才。

（四）将理论与实践有机结合起来

对于创新创业型体育人才来说，将理论与实践两者有机结合起来，是非常有必要的。究其原因，主要是在学校体育人才培养体系中，理论教学将传授知识作为重点，而实践教学则将能力培养作为重点，两者功能只能在实施过程中通过交叉互补的方式实现，它们共同构成了一个完整的教学体系，成为学校体育人才培养体系不可分割的两个方面。另外，理论与实践的有机结合，不仅是学校体育人才成才的基础，同时，也是学生创新意识的培养、创新能力的培养和创业技能的提高的重要基础，因此，这就要求务必做到“两手都要抓，两手都要硬”。

第四节　创新创业型体育人才培养创业计划

一、创新创业型体育人才创业计划的内容

（一）企业描述

企业描述是创新创业型体育人才在创业计划中总体介绍创业企业的有关事项。一般来说，主要包括企业概述、企业目标、产品或服务介绍、进度安排等几个方面的内容。

（二）营销计划

营销计划主要包括三个方面的内容，即市场分析、运营计划和销售计划。

（三）组织与管理计划

所谓的组织与管理计划指将企业的组织结构和企业中重要人员的主要情况加以说明。具体来说，就是指对企业的组织结构（具有变动性）进行说明，对企业中营销与管理团队基本情况进行介绍，对企业工作理念进行阐述，对企业中不同层次员工资薪结构进行说明，进而将人才需求及培训计划等制定出来。

（四）财务计划

财务计划主要包括企业过去的财务状况（资产负债表和损益表）、现在的

融资计划(融资用途、时机与金额)、融资后财务预算与评估及未来五年的收益与损失平衡分析。①

二、创新创业型体育人才创业计划的撰写

在撰写创新创业型体育人才创业计划时,首先,要遵循一定的撰写原则,即明确目标,突出优势;内容真实,拒绝虚假信息;要素齐全,内容充实;语言平实,通俗易懂;结构严谨,风格统一;有理有据,循序渐进;详略得当,篇幅适当。同时,还要掌握一定的撰写技巧,主要涉及封面、目录、摘要、企业概况、市场分析、产品介绍、组织结构、营销策略、生产计划、财务规划、风险分析、附录撰写等这些方面。而最重要的,就是要知道撰写的流程和环节,具体如下。

(一) 封面设计

创业计划书的脸面就是封面。给人的第一印象非常重要,因此,一定要仔细设计封面,使其风格与计划内容相一致。具体来说,要做好独特的封面,对创业者的审美素质与艺术要求非常高,但切忌怪异晦涩,而宜简明、大方。

(二) 企业介绍

企业介绍就是创业计划书正文的第一部分,由此,能够让投资者对整个企业有一个大致的了解。需要注意的是,这部分要涉及企业的名称、发展历程与发展现状、法律形式、注册地址、联系方式、企业内产品或服务的特点与竞争优势、企业将来的发展目标与计划等基本情况。

(三) 市场分析

在整个创业计划中,市场分析有着举足轻重的作用与意义,如果做得好,

---

① 奚国泉.创业人才培养研究[M].北京:清华大学出版社,2013.

往往能够较好地吸引投资者的注意。一般来说，创业者需要做的市场分析具体包括目标市场分析、行业分析以及竞争对手分析三个方面。

（四）产品（服务）介绍

一般来说，投资者会对提供给消费者的产品或者服务非常关注，因此，这就要求将企业产品或服务的介绍作为计划的核心部分。一般来说，创业者在创业计划中要对产品的名称、制作过程、特征、品牌、在市场具有的竞争力、市场发展前景等内容进行详细说明。

（五）人员及组织结构说明

人是所有创业资源中最宝贵的资源。创业计划的撰写过程中，对创业者和管理团队的介绍内容不可或缺。一般来说，主要管理人员包括董事会与营销部门的主要人员；企业管理架构就是企业组织结构。计划要涉及这些人物的权利和义务以及薪酬分配等内容。

（六）市场预测

所谓的市场预测，简言之，就是创业者根据调查研究的结果来对市场发展进行分析和预测。市场预测有着非常重要的意义，能够大致把握市场的发展动态与走势，从而有效降低企业发展的不确定性和风险性。一般来说，市场竞争现状、市场需求现状等市场预测的相关内容是创业计划中不可或缺的重要方面。

（七）营销策略叙述

营销策略与计划能够将该企业向市场进军的能力充分反映出来，因此，创业者在撰写创业计划时，一定要对此加以重视，并且保证专业、认真。一般来说，营销策略的撰写可以从整体规划产品及其价格、分销途径、促销方法三个方面着手进行。

（八）生产计划说明

通过生产计划说明，能够使投资者较好地了解企业的研发现状与资金需要。一般来说，生产计划说明要涉及业务流程、企业的基本运营周期和间隔时间、季节性生产任务、生产中可能遇到的障碍以及解决方法等内容。

（九）财务规划描述

如果创业者能够将财务规划工作做好，不仅能够降低企业经营风险，对提高风险企业评估价值起到积极的促进作用，而且还能有效促进企业获取资金的可能性提高，意义重大。一般来说，财务规划主要涉及历史经营状况数据和未来财务整体规划两个方面的内容。

（十）风险分析

一个好的风险分析，能够使创业计划有一个完美的收尾。通过风险分析，能够使投资者减轻疑虑，并且能够对企业有全方位的了解。一般来说，创业者对风险的分析主要从资金、市场、管理、技术和其他一些方面入手。

第五节 创新创业型体育人才培养评价体系

一、创新创业型体育人才培养评价观

正确的人才培养观，能够对人才培养评价起到重要的导向甚至决定作用，因此，对创新创业型体育人才培养评价观进行分析和研究是非常有必要的。

（一）科学的知识观

科学的知识观的树立，需要做到以下几个方面的要求。

第一，从本质上来说，知识是不断更新或扩展的，因此，这就要求教师在教学过程中，对学生的批判精神进行培养，鼓励学生质疑权威、质疑书本，勇于知识创新。

第二，知识是多元化的，因此，要将此优势发挥出来，进一步发展学生的思维和能力。

第三，相较于拥有具体的知识，获取知识、选择处理知识的方法更为重要。

第四，教学的宗旨在于促进学生全面发展和个性发展。

（二）正确的人才观

由于学校传统的应试教育将成绩作为衡量人才的唯一标准，这就决定了这是一种僵化的人才观，已经与当前社会的发展需要不相符了。因此，要树立正确的人才观，具体来说，就是以德为先、能力为重、全面发展和个性发展。在这样的背景下对创新创业型体育人才进行评价，就要求不能只看考试成绩，还要将内在品质作为评价的标准之一，做到评价标准的多元化。另外，还需要强调的是，要以学生知识、能力、素质全面协调发展为标准对创新创业型体育人才进行评价，同时，还要加强对成长过程、全面发展和个性发展、创造潜质开发、综合能力提高等方面的重视。

（三）现代的教育观

传统的、陈旧的教育观是将学生当成知识仓库，从而使学生通过死记硬背来记更多的知识。但是，知识与素质和能力并不能画等号，只有经过内化和实践训练的知识才能转化为素质和能力。这种传统的、陈旧的教育观已经不符合当前社会发展的需求了，因此，树立现代教育观是非常必要的，具体来说，首先要将基础知识传授给学生，然后在此基础上对学生的综合素质和能力进行重点培养，使学生具有持续发展能力、适应未来变化的能力、创造未来生活的能力以及服务未来社会的能力。

（四）民主的教学观

教师的教学功能，传统意义上主要包括“传道、授业、解惑”，但是，这已经不能满足当前社会与教育的需求了。具体来说，现代教师的教学功能应该是以自身的民主的教学观和创新意识、思维及能力等因素去感染、带动受教育者的创新意识、思维及能力的形成和发展。换句话说，就是在教学过程中，首先要让学生对结论性的理论知识有所了解，然后要对学生进行积极引导，从而使其能够通过探究去获得知识，将发现知识的过程作为重点，对于其探索创新的精神及掌握创造性地解决问题的方法的能力进行重点培养。除此之外，还要求教师努力建立民主、平等、和谐的师生关系，营造学生积极参与的教学环境，将学生学习的主体作用充分发挥出来，从而使学生的个性和潜能得到有效开发。

（五）多元的考评观

多元的考评观，对于评价结果的客观、公正是有所助益的。具体来说，就是要做到以下三个方面的要求：一是能体现民主性的评价主体多元化；一是能够体现科学性的评价标准多元化；一是体现准确性的评价方法多元化。

二、构建创新创业型体育人才培养评价体系的原则

（一）客观性原则

所谓的客观性，主要表现：第一，坚持从实际出发，以事实为依据，做到评价态度要客观；第二，评价标准要客观；第三，评价结果要客观。

（二）科学性原则

在人才培养评价过程中，科学性在整个评价体系中都有所体现。具体表现为：科学的指导思想，教育教学和人才培养规律，实事求是的态度，评价相关内容的科学设计，评价专家的选择，评价程序的规范等，这些都对人才培养质量的提升起到积极的促进作用。

（三）全面性原则

人才培养评价要将学校人才培养工作的整体面貌反映出来。因此，这就要求评价过程对培养内容和要求的多面性与综合性进行全方位、全过程的评价。还要采用诊断性评价、形成性评价和结论性评价相结合的方式，对学生的知识、能力、素质等多方面进行评价，以此来对学校全面提升人才培养水平起到积极的引导作用，从而对学生全面发展和个性发展起到积极的促进作用。

（四）主体性原则

要将学校人才培养质量的责任主体作用充分发挥出来，并且将学校的积极性、主动性和创造性充分调动起来，将学校发展的内在动力有效激发出来，从而更好地构建起自我评价机制，使校内质量保障体系得到建立和健全。

（五）导向性原则

导向功能是教育教学评价的重要功能之一。在创新创业型体育人才的培养过程中，要求在评价体系中设置具体的学生的学习能力、实践能力、专业能力和创新创业能力等相关指标，并且将应该达到的目标或要求确定下来，同时，还要给予相应的权重，从而对创新创业型体育人才的培养起到积极的推动作用。

（六）多样性原则

人才培养评价的多样性，主要取决于人才培养和社会的多样性，因此，这就要求做到评价主体、评价指标、评价方法多样性。在实施人才培养评价时，要做到多视角、多渠道、多层次。

（七）差异性原则

由于学生之间在兴趣、爱好、观念、思维方式、知识结构和知识水平等方面存在着差异，学校之间的类型、所属地区的经济发展水平等都存在着一定的差异，因此，人才培养评价过程一定将此作为考量的重要依据。

（八）发展性原则

要用发展的眼光来对待人才培养评价，具体要从两个方面着手：一方面，要对过程的改进和内涵的提升加以重视；另一方面，要对学生的全面发展和个性发展加以重视。

（九）实践性原则

实践出真知。学生创新创业精神的激发、引导和培养，实践能力和创新创业能力的提高，都需要从实践中实现，这是人才成长的必由之路。因此，这就要求创新创业型体育人才培养的评价内容和评价指标必须严格贯彻“创新能力源于实践、服务于实践”的思想。

高校创新创业型体育人才培养的实例研究——以冰雪运动专业为例

随着社会的不断进步与经济的快速发展，我国体育事业的发展空间日益扩大，发展机遇不断增加，这就迫切需要一批满足时代要求的创新创业型人才参与这项事业中。数量足、质量优的创新创业型体育人才是我国体育事业发展的基础保障，因此要特别注意加强对这方面人才的培养。本章主要以冰雪运动为例来对我国创新创业型体育人才的培养进行研究，主要内容有2022年冬奥会的机遇与挑战、冬季运动发展及对冰雪人才的需求、冰雪运动创新创业型体育人才的培养对策。

第一节 2022年冬奥会的机遇与挑战

一、2022年冬奥会的机遇

对于任何一个国家或地区而言，大型综合体育赛事的举办都会给本地区或本国带来广泛而持久的影响。体育赛事的举办不仅能够为人民大众提供休闲娱乐活动，而且能够促进主办城市形象的提升、城市建设与改造速度的加快以及经济的发展。2022年冬奥会作为一项重大的国际体育赛事，必将进一步促进奥林匹克文化的繁荣，促进我国国际影响力的提升，而北京和张家口作为主要举办城市将更加受益无穷。下面具体对 2022 年冬奥会给我国尤其是京津冀地区带来的发展机遇进行分析。

(一) 推动城市基础设施建设

冬奥会对体育比赛场馆的数量、规格有很高的要求,而且对现代化的服务配套设施(如交通、通信等)也提出了相应的要求,这必然会推动京津冀地区对基础设施进行大规模的兴建,或大力改造原有设施。此外,冬奥会的举办要求京津冀地区加强城市的市政建设,积极开展绿化、亮化市容等工作,这对相关行业的发展具有积极的带动作用。对此,京津冀各地尤其是张家口要对国际国内的先进经验进行充分借鉴,利用这次难得的机遇加强基础设施建设与改造,从而促进城市承载力的提升。

(二) 提高城市竞争力

当前,城市之间的竞争已经越来越激烈,在这一背景下,单单依靠城市建设和管理已经很难有效推动城市的发展,因而要努力促进城市整体竞争力的提升。提升城市竞争力的主要内在因素是完善基础设施及其功能,而外在因素主要是对城市进行广泛宣传,加强城市营销,对良好的城市品牌进行创建。举办冬奥会在推动城市营销方面的作用是举足轻重的,这有利于举办地知名度的提高和竞争力的增强。因此,京津冀地区,尤其是北京和张家口要将各类宣传报道的媒介充分利用起来,做好城市形象宣传工作,从而促进本地城市影响力与竞争力的不断提升。此外,举办地还要满足赛事观众及旅游者的需求,形成口碑效应,从而借助这两大群体来宣传本市形象。

(三) 促进有关产业的发展

冬奥会的举办有利于进一步提升第二、三产业的发展规模与速度,尤其是能够刺激旅游业、餐饮业、文化产业等与体育产业有密切联系的相关行业的发展,这些行业的发展又能够促进就业、创业形势的高涨。北京、张家口共同举办2022年冬奥会，将会极大地促进两地相关行业的发展，如金融业、商业、旅游业、信息服务业、保险业等，同时也会催生一批以冬季旅游为主体内容的新兴行业的发展，如旅游租赁、电子商务、冰雪器械生产和维修等。另外，这届冬奥会的举办对京冀地区产业结构的升级和优化也有极大的推动作用，一些产业将会采取国际化的营销方式、服务技术、经营理念等，进一步提高服务水平和质量。此外，两地现代服务业(现代物流、信息咨询等)的产业规模也将得到进一步的扩大，在内部产业结构中将会占据较高的比重。

(四)提升我国冬季运动竞技水平和群众健身热情

作为2022年冬奥会的东道主国，在未来几年中，我国政府将对冬季项目的推广和发展给予高度的重视，在政策和财政方面会对冰雪项目的推广予以大力扶持，中国冬奥运动队将会不断促进短道速滑等优势项目的完善，同时还会对潜在优势项目进行重点挖掘，进一步选拔与培养优秀的后备人才，这对我国冬季运动竞技水平的提高具有非常重要的作用。

冬季奥运会的举办有利于冰雪运动在我国的进一步普及，有利于丰富广大人民群众对冰雪体育的认知，从而带动群众参与及欣赏冰雪运动的热情。冬奥会的举办还将激励人民积极创作冰雪艺术，对冰雪运动教育训练现状进行改革，同时进一步完善冰雪运动体育装备，最终实现冰雪体育文化的繁荣。在冬奥会背景下，延庆(北京)的部分冰雪场地和崇礼(张家口)的滑雪场实现了链接，从而促进了跨省市冰雪项目运动带的形成，这为人民大众参与冰雪体育健身提供了极大的便利。

二、2022年冬奥会的挑战

(一)冰球项目实力较弱，基础较差

冰球是一项非常具有影响力的冬季运动项目，因此历来都很受关注，但

这项运动并不是我国的强项，至今我国冰球项目都没有打入过冬奥会，作为2022年冬奥会东道主的我国要想对主场荣誉进行捍卫是比较艰难的。冰球项目存在着过度激烈的对抗，如果参赛的两队之间实力相差巨大，必然会出现受伤的情况，所以规则中明确规定东道主国家没有冰球项目直接入围冬奥会的特权。作为东道主的我国如果无法实现这个目标，将会面临尴尬的境遇。

(二) 时间短，任务重，“冰强雪弱”的局面难以改变

我国成功申办第24届冬季奥林匹克运动会是在2015年，而该届奥运会的举办时间是2022年，这期间只有七年的时间。从运动训练学规律来看，大集体项目一般都需要很长的训练周期，如果周期较短，是无法充分进行良性运作，也难以从根本上促进项目水平的提高。所以这七年时间作为备战时间是不够充裕的。从已经举办过的几届冬奥会的比赛情况来看，短道速滑、花样滑冰等是我国的主要优势项目，而在基础大项上，我国整体竞争力较弱，如高山滑雪、越野滑雪、冬季两项等。这也显示出我国冬季运动发展的不平衡性，与夏季项目相比，我国冬季项目的整体优势不足，尤其是雪上项目，具备一定竞争力的很少。

(三) 我国冰雪项目发展模式不成熟

多年来，我国在体育方面一直是施行举国体制，市场化和职业化改革严重不足，与我国运动员发展特征相符的训练体制至今没有得到建立。但是，不能全盘否定举国体制，因为在这一体制下，我国夏季奥运会中的传统项目水平一直是遥遥领先的，如乒乓球，而我国冬季运动项目中很多项目都没能获得像乒乓球那样的成功，主要是因为举国体制不适合用来作为冬季项目的训练体制。有关专门针对冬季项目的训练体制，还需进一步研究才能制定出来。

(四) “体育丰收、旅游歉收”局面的长期存在

近些年来，我国承办了很多大型体育赛事，这促进了我国竞技体育整体

发展水平的提高。政府对举办大型赛事带动城市旅游发展的期望值很高，但现实却不尽如人意。北京奥运会成功举办后，北京旅游业的发展虽然也有一定的进步，但与奥运会举办之前相比也不是很明显。因此人们担心 2022 年冬奥会的举办仍会面临这一局面。

（五）冰雪项目产业收益较差

从相关统计中了解到，虽然张家口崇礼区的大型滑雪场较多，但能够盈利的雪场寥寥无几，长城岭滑雪场姑且可以算作效益良好的雪场，主要因为是建成时间较早且每年都能够接待专业运动队训练，其他雪场收益虽然近两年有所提升，但依然不容乐观。作为 2022 年冬奥会的重要冰雪基地，张家口在未来几年内必然会在冰雪训练基地建设方面投入大量的财力，但这些巨大的财政投入是否能够得到有效利用，利用后持续性效益和长远受益的目标是否能够实现，这些都是需要从整体上仔细规划的。

三、在机遇与挑战并重下举办 2022 年冬奥会的建议

（1）进一步加强现代运动员的选拔，在对运动技术进行分析的基础上，从相近相关项目的运动员中对有潜质的人才进行选拔，使其转到冬季运动项目中。

（2）对陆地传统优势项目的训练方法进行分析，并加以合理借鉴，在冰雪训练中合理有效地运用陆地训练的理念、方法和手段，从而创新性地开展冰雪训练活动。

（3）加强对当代科技的引进与运用，借助新技术对冰雪器材、装备进行改进，促进基本器材与装备的科技含量的提高，争取将器材的积极作用充分发挥出来。

（4）对科研监控体系进行优化与完善，对运动训练、心理、生理、生化等有关专家的力量进行整合，使其投入对冰雪训练科技攻关的研究中，从而力争

在训练调整、运动检测等方面取得重大的研究性突破，并利用这些成果来指导训练实践。

(5) 对冰雪体育文化进行进一步的普及，营造良好的冬季体育运动氛围，夯实冰雪运动群众基础，推动冬季竞技项目的市场化发展，进一步规范竞赛制度。

(6) 对2008年奥运会的经验与资源进行充分借鉴与利用。我国在举办2008年奥运会期间积累了一定的经验，储备了相当数量的资源，借鉴这些经验、利用这些资源能够为我国冬季奥运会的举办提供一定的便利。

(7) 将张家口的优势充分利用起来。张家口地理资源丰富，滑雪场地的山体与雪源都是顶级的，目前已开发且可供使用的滑雪场虽然也能够满足冬奥会的举办需求，但承载力还不够，需进一步利用资源对新的滑雪场进行建设。在建设过程中，京张二市珠联璧合，加强协同与合作，从而实现优势互补。

(8) 张家口借助冬奥会的契机，加大基础设施建设，进一步对公共服务体系进行完善，对京张铁路网络进行打造，以点带面地对冀北地区落后的面貌进行改造。此外，还可对体育旅游和冰雪度假项目进行大力开发，通过旅游业来实现进一步的发展。

(9) 筹办冬奥会的过程中，要对赛后旅游体育产业的重复利用问题进行充分考虑。因此从最初的策划组织、设施布局到后来的对外媒体宣导，都要注意充分结合赛后的旅游市场，要对冰雪旅游市场进行重点开发，同时也要避免浪费。这就要求有关工作者在初步规划中要有一定的预见性，特别是在建设基础设施时，要注意给城市的未来发展预留足够的空间。在规划建设中，在山城引入高铁，对张家口民用飞机场进行扩建或重建，对立体交通体系进行建立，从而减少因交通不便给张家口旅游业发展带来的限制。借势而起，力争在2022年冬奥会前将张家口建设成以崇礼区冰雪运动小镇为内核的冰雪旅游中心，使与张家口紧邻各省市区都能共享冬奥会带来的“福利”。

(10) 借助冬奥会的机遇，促进国人的传统旅游观念不断更新，从而使国人树立新的双轨旅游理念。我国人民群众对旅游的关注点往往是名胜古迹、滨海、名山大川等，而关注冰雪旅游的却不多，因此我们在推动传统旅游业发展的同时，也要进一步普及冬季冰雪旅游观念。

（11）构建环北京生态休闲旅游圈。该旅游圈具体包括四个旅游带，即“京—承”旅游带（以皇家园林避暑为特色）、“京—津—秦”旅游带（以蓝色滨海为特色）、“京—张”旅游带（以温泉湿地为特色）和“京—保—石”旅游带（以温泉湿地为特色）。在此基础上，对冰雪运动与冰雪度假理念大力宣传，将电视、微博、微信、互联网等现代媒介资源充分利用起来，努力开创东北、华北、西北冰雪旅游新格局。

（12）制定京津冀协同规划细则，促进张家口在区域协同发展中积极作用的进一步发挥。政府在政策上支持该地区，使其在冬奥会契机下实现又好又快的发展，这对京津冀的进一步协同发展具有积极的作用。

第二节　冬季运动发展及对冰雪人才的需求

一、我国冬季体育运动的发展现状

（一）我国冬季奥运会发展现状

1. 我国参加冬奥会比赛的项目

总体来看，我国在冬奥会中的参赛项目数量在不断增加（见表 8 - 1），比赛成绩在逐年增高。我国在奥运会中第一次参加单板滑雪、跳台滑雪比赛是在 2006 年冬奥会上，第一次参加冰壶项目比赛是在 2010 年冬奥会上，而且在该届冬奥会中，我国女子冰壶运动员取得了优异的成绩。

我国在历届冬奥会中主要参加的冰上比赛项目有花样滑冰、速度滑冰、短道速滑；雪上比赛项目有高山滑雪、越野滑雪、冬季两项等。近几届冬奥会中，我国先后参加了自由式滑雪、单板滑雪、冰壶等项目的比赛。目前，我国不断开展新兴项目，冬季运动项目水平也有了一定的进步，但整体而言，我国冬季运动普及力度依然不足，项目开展少且覆盖范围小，主要开展冬季运动的区域集中在东北，与冬季运动大国的标准相比还相差甚远。

表 8-1　我国历届冬奥会参赛项目统计①

参加时间	冬奥会/届	参赛项目总数
1980 年	13	18
1984 年	14	26
1988 年	15	18
1992 年	16	34
1994 年	17	5
1998 年	18	40
2002 年	19	38
2006 年	20	47
2010 年	21	49
2014 年	22	49
2018 年	23	55

注：参赛项目除 1994 年冬奥会是指大项，其他均为参赛小项统计。

2. 我国在冬奥会中取得的奖牌

1996 年，我国制定冬季运动发展战略，以推动我国冬季体育运动的快速发展，该战略将我国冬季运动的重点项目确定为短跑道速度滑冰、速度滑冰短距离、花样滑冰。这一战略的实施对我国冬季运动的发展起到了积极的推动作用。在 1992—2014 年的冬奥会中，我国取得金牌 12 枚、银牌 22 枚、铜牌 19 枚。我国在冬奥会中实现了奖牌零的突破是在第 16 届阿尔贝维尔冬奥会

① 王紫娟. 我国冬季体育运动发展现状研究[J]. 冰雪运动，2015(01).

上，实现金牌零的突破是在第19届盐湖城冬奥会上。我国第一次取得雪上项目的金牌是在第20届都灵冬奥会上，韩晓鹏在自由式滑雪男子空中技巧项目上取得了冠军。在第21届冬奥会上，花样滑冰双人滑的金牌和银牌都被我国运动员获得，这对我国来说又是一次巨大的突破。

从我国在历届冬奥会中取得的成绩来看，我国冬季运动的整体发展是比较好的。但仍存在着明显的问题，如金牌涉及的项目不均衡，冰上项目发展较好，雪上项目发展落后，这种发展格局会对我国冰雪运动发展和打造冬季体育大国产生不利的影响。

（二）我国冬季体育运动训练体制现状

我国冬季运动训练体制始于20世纪50年代初，但当时的体制比较松散，不成体系。20世纪60年代中期，我国建立了三级训练网，这一训练体制在执行初期取得了良好的成果。20世纪80年代，三级训练网的训练体系结构发生了变化，“宝塔式”的训练结构逐渐取代了传统的训练结构。

在我国冰雪运动实施三级训练网的同期，在三级网中设立“一条龙”训练体系的建议由黑龙江齐齐哈尔市率先提出。到了20世纪80年代中后期，由于我国冰雪训练体系结构的变化，导致冰雪运动后备人才严重减少，之后随着我国改革开放政策的全面实施，我国相关部门对现有体育训练体系进行了创新改革，大力引入体育俱乐部训练形式。在引入初期，这种形式具有自发性和个体性，多出现在健身领域，且以营利为目的。到20世纪90年代中期，我国才出现了以竞赛为目的的体育俱乐部训练形式，至今这一训练形式在我国冰雪体育人才培养方面仍发挥着重要的作用。

（三）我国冬季体育运动产业发展现状

下面主要以冰雪体育运动服务业和广告业为例来对我国冬季运动产业的发展现状进行分析。

1. 冬季体育运动服务业发展现状

随着冰雪旅游的不断发展,餐饮、住宿、交通、娱乐、购物、传媒、电讯等经济领域的消费结构也发生了变化,同时也刺激了新型项目的发展,如冰雪旅游电子商务、冰雪旅游租赁等。

我国一般是在远离市中心的郊区开设冰雪场地,这就对餐饮、交通、旅游设施、保险的完备性提出了较高的要求。然而,我国很少开通专门去各滑雪场的车次,而且滑雪旅游形式单一、设施不完备的情况也较为普遍,因此旅游者和滑雪者对一站式服务的需求就得不到满足,这对我国冬季体育运动项目及整个经济的发展都造成了严重的制约。

2. 冬季体育运动广告业发展现状

基于我国冬季运动的发展状况,一直以来我国冰雪运动广告业基本处于相对空白的状态。2006 年都灵冬奥会,虽然中央电视台进行了全程直播,联想集团也赞助了冬奥组委会,一定程度上带动了许多企业依托冬奥会平台来提升企业形象,但整体上对广告业的重视度依然不高,对我国冰雪赛事进行广告推广的媒体很少,这对营造浓厚的冰雪文化氛围,推动冬季运动普及与发展来说是一个非常不利的制约因素。随着我国成功申办 2022 年冬奥会,这方面得到了较大的改观,但依然需要加大力度,力争形成更为系统、完善的媒体宣传与广告推广新局面。

二、冬季运动发展对冰雪人才的需求

(一) 冬季运动发展对冰雪人才数量的需求

对冬季运动专业人才进行选拔与培养是筹备冬奥会期间需要开展的一项重要工作,也是需要完成的一项重要任务。据有关统计,为保障冬奥运的顺利举行,需要的相关工作人员达数十万,这些工作人员的岗位涉及体育赛事相关的多个领域，如教育、医疗、旅游、交通、餐饮等。此外，冬奥会对奋斗在一线的冰雪专业人才的需求量达 8 万左右，另外冬奥会的成功举办还离不开数万名志愿者的辛勤参与。

（二）冬季运动发展对冰雪人才类型的需求

具体来说，冬季运动的发展及冬奥会的举办对冰雪专业人才的需求主要有以下几种类型。

1. 冬奥项目类人才

奥运项目类人才是冬奥会开展所必需的一线人才，主要包括教练员、运动员、裁判员等。我国冬奥金牌计划以及普及开展冰雪教学训练的顺利实施离不开这些重要主体。

2. 冰雪技师类人才

冰雪技师类人才主要是在冰雪场馆从事冰雪设备设施操作与器材维护保养工作。具体包括索道、雪道与冰道的维护人员，造雪、压雪机械的操作与维护人员，冰雪器材的维护保养人员等。

3. 冰雪产业开发类人才

冰雪产业开发类人才主要是为冰雪产业的发展而服务的，主要包括冰雪市场营销类人才、冰雪产业设计人才、冰雪设施器材研发人才、冰雪旅游相关人才等。

4. 冰雪产业管理类人才

冰雪产业管理类人才是冰雪营销战略实施的主体，代表着冰雪产业的成本效益，主要包括冰雪场馆与赛事运营管理人才、冰雪工商管理人才、体育新闻人才、酒店管理人才等。

5. 冰雪服务类人才

冰雪服务类人才主要是在冰雪场馆服务，以促进冰雪场的顺利运行，具体包括导滑员、导游员、咨询人员、接待人员、医务救护人员等。此外，冰雪赛事内场具有较高冰雪技能的服务人才也亟待培养，这是确保冬奥赛事顺利实施的重要保障。

总之，冬季运动的发展对冰雪体育人才提出了较高的要求，不仅需要各方面的专业人才，还需要这些人才具备专业知识和相应的技能，这样才能使人才在冬奥会中发挥自己的价值，才能促进冬奥会的顺利举办和我国冰雪事业的繁荣发展。

三、冬季运动发展与冰雪人才缺乏的矛盾

(一) 我国冰雪人才供给情况

现阶段，东北地区集聚着我国大量的冰雪人才，黑龙江、吉林和辽宁作为我国的冰雪大省，多年来对大批的冰雪竞技人才、产业开发与管理人才及相关服务人才进行了培养，负责培养这些人才的单位主要是当地的体育院校或综合类高校。然而，东北地区的高校毕竟是少数的，所以培养的人才数量并不多。人才的缺乏与东北冰雪产业的快速发展很不协调。

河北省作为2022年冬奥会的主办省之一，本应具备大量的冰雪人才，但事实上，本地的冰雪人才极为缺乏，而且对这方面人才的培养也才刚刚起步，这就对冬奥会的顺利举办产生了不利影响。因此，当地需尽快构建一套系统、规范的冰雪人才教育体系，力争在这几年把冰雪人才培养工作做大做强。如果能完成这项艰巨任务，将会给当地带来可观的收益。

培养冰雪专业人才既是奥运会的需要，也是冰雪事业发展的需要。如果北京和河北能够借助冬奥会契机将冰雪人才的培养工作充分重视并大力开

展起来，将会为京津冀体育产业的协同发展提供坚强的支撑与保障。

（二）冰雪人才缺乏制约我国冬季运动的发展

当前，虽然我国冬季运动项目取得了一定的发展成果，而且发展空间较大，发展前景良好，但与欧美相比，我国冰雪体育的总体发展水平还比较低。导致这一现状的原因有很多，其中冰雪专业人才与高级人才的缺乏就是其中一个非常重要的制约因素。我国还未建立起冰雪专业人才的培养体系。

以黑龙江省为例来说，这是我国的冰雪体育大省，地处边疆，受气候、经济发展等因素的影响，本地很难吸引外省的高层次人才，而且本省的冰雪体育人才大都考取省外的一些工作岗位，回省内工作的人才相对较少。从黑龙江省现有的体育教学、科研、训练等队伍来看，具有硕士学位的人员很少，且冰雪专业出身的人才寥寥无几，整个体育人才层次较低，拔尖人才极为缺乏。造成这一问题的主要原因是体育硕士学位授予点少、学科布局不合理，因此高学历人才很难形成冰雪队伍，机制灵活、运行高效的冰雪人才梯队也很难成功建立，这就对当地及我国冬季运动项目水平的提高造成了制约。所以，不管是对黑龙江省而言还是对我国而言，首要解决的问题就是培养高层次的冰雪体育人才，多设立体育硕士学位授予点，合理布局体育学科，从源头上对高层次冰雪人才缺乏的问题进行解决。

冰雪产业的发展和冬奥会的举办都离不开必要的人才支撑。所以，做好现有在岗工作人员的基础培训工作，大量培养冰雪专业教师、冰雪指导员与教练员、冰雪产业规划与开发人才、体育经济人才、体育科研人才等各类体育专业人才，建立与完善各级各类冰雪人才培养体系，都是势在必行的。

第三节 冰雪运动创新创业型体育人才培养对策

一、开展奥运知识教育，普及冰雪运动

加快冰雪运动知识普及与开展冰雪体验活动、冬令营和大众冰雪赛事，提高广大市民冰雪热情。组织编写冬奥会题材的知识读本、冬季运动项目知识和冬奥赛事的实用口语教材，向社会各界广泛印发，同时鼓励有条件的学校通过体育课、第二课堂、知识竞赛、冰雪季等活动形式开展冰雪教育，让更多的人了解冰雪运动，掌握冰雪知识，从而让更多的人热爱冰雪运动，从事冰雪活动。

加快冰雪运动进校园，将冰雪教育作为学校体育教学的重要内容。对有条件的学校可以在体育教学中开设旱地滑雪、陆地冰球，没有冰雪运动条件的学校开设轮滑课，同时与冰雪企业联合，组织形式多样的冰雪教学训练与冬令营活动。积极开展冰雪运动志愿者服务实践活动，组织开展冰雪专题社会调查活动，让更多的学生在亲身实践中提高见识、增长知识、锻炼能力，为服务冬季产业活动、服务冰雪赛事奠定基础。

二、建立冰雪人才培养、培训基地

有关部门在培养冰雪运动创新创业型体育人才的过程中应注意统筹规划与合理布局，并以冰雪运动的发展布局和冰雪产业人才需求为依据来分层次进行人才培养。我国体育院校及综合院校中的体育院系是培养冬季运动员、教练员的主要基地，因此应进一步巩固体育学院的地位，使其逐渐担负起培训冰雪高级教练员、高水平运动员、高素质社会指导员与服务者的工作，将体育院系的学科优势充分发挥出来。在培养冰雪硕士研究生方面，应有计划地招收一定比例的在职高级教练员，并且由主管部门确定哪些院校与冬季奥运攻关和冰雪产业发展相关，鼓励这些院校开展各类冰雪人才培养与培训工

作，从而建立我国冰雪人才长期培养与培训的基地。

三、加强冰雪运动科技攻关，对自主创新产品进行开发

从现阶段我国冰雪产业的发展势头来看，我们需在冰雪设备、器材、服装等相关产业中加大科技投入，加强科技开发，从而对我国自行生产的成套设备和产品进行设计与研制。高等学校的人力资源丰富，科研实力雄厚。发挥高校院校的这些优势来对创新产品进行开发和研制是比较科学的，这样才能够实现冰雪产业的科技开发真正为我国经济发展服务。部分高等院校还应对相关的科研组织进行组建，并向地方政府申请建立科技攻关项目基金，从而获得政府的资金与政策支持，这样新型产品的立项、研发、生产、推广及应用等环节的工作就更容易开展了。

四、培养冰雪产业及其相关链条岗位专业技术人员

根据冬季运动发展与冰雪产业市场人才需求，高校应积极调整学科专业设置，设立冰雪运动专业，围绕冰雪教育、文化、产业、赛事优化课程体系，完善教学内容，构建实践教学模式，培养管理员、营销员、销售师、造雪压雪师、制冰师、器材师、防护师、救护员、导滑员、导游员、志愿者等冰雪运动保障人才，为冰雪产业发展、2022年北京冬奥会提供足够的相关岗位专业技术人才和服务人员。

五、建设冰雪装备制造产业集聚区，创新研发冰雪运动领域产品[①]

以冰雪产业园建设为突破口推进冰雪产业化进程。建设具有国际水准

① 闫磊磊，岳美平．加快人才培养　促进河北省冰雪体育产业发展的研究[J]．中国商论，2016(21)．

的冰雪装备产业园，加大国内外招商引资力度，引进国际冰雪强国一流的冬季体育装备制造企业和冰雪体育器材制造商，形成产业集群。鼓励社会资本投资冰雪产业，支持企业创新研发冰雪装备器材产品，鼓励注册建立冰雪培训服务公司，鼓励地方高校增设冰雪装备器材研发、制造、生产和交易相关课程，为冰雪装备产业积蓄人才；以冰雪文化教育园建设为切入点推动开展国际性冰雪文化、教育、产业、科技活动，吸引国际一流优质冰雪资源，包括冰雪教育、产业开发和服务管理类人才，在引进的同时必须加大自主培养力度，形成凸显我国特色的冰雪人才培养体系。借助两大园区的建设打造冰雪体育俱乐部、产品示范场馆和品牌冰雪赛事，这将会成为我国冰雪运动领域一道靓丽的风景线。

六、加强冰雪运动特色学校建设，构建科学人才培养体系

人才培养离不开学校，创新创业型人才必须依靠学校。体育院校在培养体育人才方面有着完善的教学资源，建立健全冰雪人才教育体系是其重要使命。一方面要加强冰雪运动学校建设，更为关键的是要构建起科学的人才培养体系，另一方面突出抓好运动员文化教育，抓好冰雪基础人才教育，全面贯彻落实《河北省冬季运动发展规划(2015—2022 年)》提出的在进行优秀冰雪专业运动队建设的同时要充分发挥教育的基础性作用的重要精神。深化冰雪人才教育要在协作联合上下工夫，京津冀体育院校设立冰雪运动专业，培养冰雪运动师资、管理和创业型服务人才，注重资源优势互补，建立教学、科研、训练协同发展机制，通过联合办学、基地共建和远程教育形式，提高冰雪专业教育水平，加快冰雪人才培养进程。推进冰雪后备人才培养体系建设，鼓励联合办学，给予财力与物力支持，确立一批冰雪运动训练点与冬季项目特色学校。大力推进阳光冰雪计划，开展青少年冬令营、“未来之星”冰雪赛事、嘉年华冰雪体验季活动。鼓励社会力量支持资助冰雪后备人才培养，探索体教结合运行模式，高校承担冰雪专业队组建与训练工作，扶持冬季运动

俱乐部，通过拓宽冰雪后备人才培养渠道，积极营造冰雪人才培养的浓厚氛围。

(一) 冰雪创新创业型人才模式构建的原则与策略

1. 培养理念与质量标准融合的培养模式构建原则

《国家中长期教育改革和发展规划纲要(2010—2020)》(以下简称《纲要》)在2010年5月6日经过了国务院的审议并最终通过。《纲要》指出，要牢固树立多样化的人才培养观念，尊重个人选择，鼓励个性发展，构建一个形式多样、不拘一格的人才培养模式。因此，高校应以国家发展和经济建设的人才需求为依据，在充分考虑自身办学基础条件上确立办学思路、目标和方向，并对人才培养目标进行科学定位。相关学者在结合纲要精神以及分析冰雪专业特点基础上提出冰雪人才应符合以下五种质量观要求，姑且也可作为冰雪创新创业型人才的标准，见图8-1。①

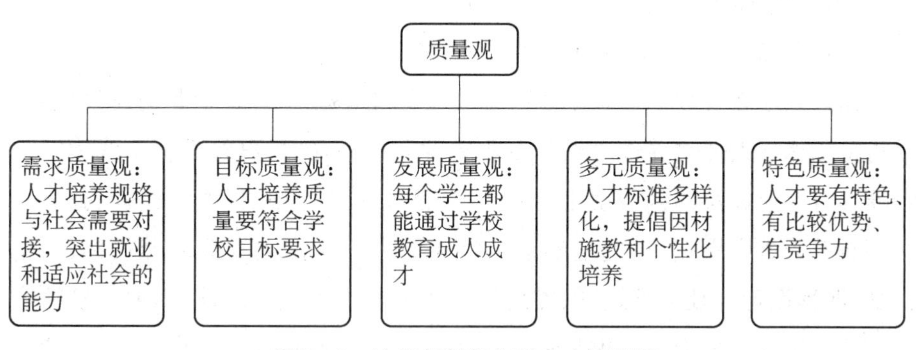

图8-1　冰雪创新创业型人才标准图

(1) 以冰雪体育事业发展需要为前提，对创新创业型冰雪体育人才进行培养

随着我国全民健身活动的广泛开展和休闲生活质量的不断提高，有越来

① 姜龙江，张卫新，姜馨. 我国冰雪运动后备人才培养模式的研究[J]. 冰雪运动，2013(01).

越多的人开始关注并参与冰雪运动,但因我国尚没有形成完善的冰雪人才培养体系,所培养的冰雪专业人才数量不足、水平尚不高等问题普遍存在。作为国家培养体育人才的主要阵地,体育院校应加大投入,提高冰雪人才培养力度,在提高数量规模的同时侧重加强学生综合素质的培养,尽快打造出一批专业技能精、基础知识扎实、科研能力强、创新思维活跃、创业意识强的创新创业型冰雪人才,使培养出来的人才与社会发展需要和冰雪体育事业发展需要相符,并能够在我国社会发展中发挥重要的价值。

(2) 注重对各类冰雪人才创新精神的培养

在知识经济快速发展的时代,冰雪体育人才不仅要牢固掌握本学科领域知识,还要具备较强的科研能力及一定的创新精神,善于将所学知识与实际工作相联系,能够熟练运用所学知识解决社会和生产的实际问题,从而促进社会和经济的发展。因此,在对冰雪人才进行培养的过程中,既要注重对学生基础知识学习能力与专业应用能力的培养,又要注重学生创新思维能力的培养,为健康、全面的发展奠定良好基础。

(3) 冰雪教育要办出专业特色、办出水平

冰雪人才教育教学过程中要明确办学思路,制定详细、专业的建设规划,并将特色冰雪人才培养理念贯穿专业建设全过程,姑且可将教育主线确定为培养具有专业优势的创新创业型人才,并激发个体潜质,以培养个性、独立性和创新性为教育重点,在此基础上从整体上进一步优化专业培养目标、规格标准、课程设置与教学模式,以提高培养效果及人才质量。此外,要特别注意依据冰雪运动发展人才需求趋势来改革与完善培养目标与教育模式,以使培养的人才适应与满足冰雪运动发展要求。

(4) 冰雪教育要注重人才培养的实践教学环节

现代教育思想强调理论与实践相结合。这既是教学的基本原则,也是人才培养的基本要求。因此,在冰雪专业人才培养过程中应坚持应用型人才为主,注重培养实践能力,强调学生掌握实用性的创新与创业技能,具备实践的创业能力,这就需要增设实践课程,强化实践教学实施途径与操作模型设计,

确保获取最优的教学效果。

2. 冰雪竞技后备人才与创新创业型人才协调联动培养模式的构建策略①

(1) 健全与市场经济相适应的冰雪人才培养管理机制

根据冰雪市场经济发展现状，建立与之相匹配的人才培养模式、运行机制与管理制度，这是确保冰雪教育培养工作可持续发展的重要保障。遵循“大体育观”发展理念，体育管理部门联合社会各界力量做好宏观调控、政策引导、资源的配置、开发与利用，针对出现的问题与制约因素，及时进行调控、整合与再分配，保障冰雪人才培养体系正常有序地推进发展。建立“大视野观”发展思路，以全面、持续发展为指导，结合冰雪运动项目特点，依据地域气候特点与资源条件，科学谋划、制定冰雪人才培养布局，出台鼓励冰雪人才教育的配套政策，制定不同项目、不同层次的人才培养计划、训练培养标准以及选拔与输送要求；建立多层次有机衔接的冰雪体育后备人才培养体系，顶层为冰雪竞技运动队，中间层次为体育运动学校和青少年体育俱乐部，基础层面为中、小学体育训练。在训练人数规模上，顶层一线竞技队员人数不宜扩大，重点培养竞技潜质潜力深厚的尖子队员，不断扩大中间二线与基础层三线训练人数规模，实现从顶层、中间到基础三个层面 1∶5∶10 的参训人数比例标准，这种“一条龙梯次”的冰雪人才培养体系，必将为冰雪竞技体育、冰雪专业教育提供源源不断的生源，对培养高水平、高素质冰雪人才具有重要的推动作用。

(2) 举全社会之力发展冰雪竞技体育，完善创新创业人才培养体系

回顾以往，举国体制下的我国竞技体育取得了相当大的成就，在当前社会发展形势下，有必要赋予其新的含义，也就是借助社会资源下的全社会之力发展冰雪竞技体育。由于受地域与气候条件的限制，我国冰雪运动社会普及度非常低，如果完全依靠市场运作推动冰雪运动存在一定困难，需要借助

---

① 刘丽朋，刘巍. 我国冬季竞技体育后备人才资源可持续发展的对策[J]. 冰雪运动，2007(06).

"举国体制"优势充分发挥社会资源，建立政府和社会共建的发展模式，合力推进冰雪教育、大众冰雪和竞技冰雪。实践证明，人才培养必须依靠社会资源，尤其是创新创业型人才的培养需要政府出台政策，鼓励更多的冰雪企业参与冰雪教育，需要政府加大资金投入，不断完善冰雪运动基础设施资源条件，最后鼓励学校与冰雪企业建立合作关系，集中优质资源推动学校开展冬季体育项目，鼓励更多的学生投身于冬季体育健身行列。只有这种基于市场经济与根植于社会条件下的冰雪人才培养路径，才能确保培养出的冰雪人才更具有创新力与竞争力。

(3) 注重潜能激发，改革与完善青少年冰雪运动员的竞赛制度

运动潜能激发可以通过有效训练与激烈竞赛来实现，在这个过程中又可以磨练青少年的创新精神、创业意识和创新创业能力。冰雪竞技体育后备人才培养的主要目标是为高水平运动队培养、输送有潜力的运动员。在青少年训练阶段必须狠抓基础训练，这是训练核心，同时通过参加各级各类比赛，尤其是参加一些高水平的竞技比赛，对训练效果进行检验并从中发现更有发展潜力的尖子运动员。对于青少年比赛，赛制的设定应符合青少年身心发育特点，切忌过度强调比赛名次，更不要助长过早专项化，应将比赛内化为注重运动能力磨练与提高以及素质评定上去。通过改革与完善青少年竞赛制度，大力提倡借助社会力量举办比赛，推动融入现代信息科学技术的"冰雪+"大赛，诸如互联网+冰雪精英挑战赛、冰雪创业争霸赛、冰雪运动创新创意大赛，为冰雪运动员、爱好者创造学习、锻炼和交流机会。

(4) 重视冰雪运动"科技型"教练员队伍建设

当代竞技体育最突出的两个特性，一是综合实力竞争，包括体能、技能、智能、心理和科技；二是多学科知识融合训练手段，缺一不可，不容忽视。作为一名优秀教练员，仅仅具备实践经验是远远不够的，还必须具备多学科知识结构与能力素质。基于我国冰雪运动的历史发展现实，我国现有的冰雪教练员数量不足，执教水平也偏低，亟待需要通过引进国际高水平教练，弥补当前短缺状况，顺势借助他们培训、打造一批本土的教练员队伍。当前，我国从

事冰雪教学训练的教练员大多为退役运动员，有着较深厚的运动功底和一定的实践经验，而科学文化素养偏低，现代化训练意识不强，科学化训练手段掌握不足，要提高管理水平、执教能力和创新素养，可采取教练员岗位培训、外出进修与引进外籍教练共同执教的形式。此外，还要完善训练激励机制，提高待遇水准，引入竞争机制，鼓励人员流动，从而激发他们的主动学习意识，掌握最新的训练理论、知识和手段。通过多措并举的教育培训，打造一批具有国际水准的冰雪教练员队伍。

（5）深化学习、训练相结合的冰雪人才培养模式，渗透文化教育

文化教育对塑造人格魅力、提高能力素质起着至关重要的作用，可以说，文化就是教育，我国竞技人才存在着“重竞技训练，轻文化教育”的不争现实，需要坚持技术与文化并重的教学训练理念，执行保证文化课知识的学习基础上再进行运动才能的挖掘，不可倒置。从国外高水平运动员的发展经验来看，他们大多具有较高的文凭，文化知识功底不仅深厚，而且也能够在国际赛场上争金夺银。事实证明，体育训练并不会过多耽误文化知识的学习与掌握，只要正确处理好学习与训练的关系，思想上坚持全面发展，行动上分配好时间，掌握更多的文化课知识对竞技水平提升以及退役后的再就业都是十分重要的。文化教育将成为提升冰雪人才培养整体水平的不可缺少的重要环节，需要正视业已存在的“学训矛盾”，强化体教结合，回归体育训练教育本质，杜绝实施游离于学校教育之外的体育训练，确保参加体育训练者同步得到文化教育的熏陶，培养更多的全面发展的体育人。

（6）以可持续性发展思路逐步完善运动员社会保障体系

冰雪运动员作为一种特殊的社会群体，其从事的训练工作具有风险大、投入高、周期长和不确定性的特点，必须建立起与之工作岗位相适应的社会保障体系，包括社会保险、伤残保险、升学就业以及福利与优抚政策等。只有这样，才能够吸引更多的人从事冰雪运动，才能为冰雪事业可持续发展提供与贮备更多、更有潜力的后备力量；才能够让更多具有潜力的苗子加入冰雪竞技体育行列，高质量地完成专业训练、竞赛与学习任务；才能够为社会输送

更多的创新创业型冰雪人才，推动冰雪产业健康、有序发展。

(二) 冰雪体育人才教育体系与实践的经验与启示

东北地区得天独厚的冰雪自然优势，积累了一批具有较高技能水平的冰雪人才。通过对东北三省高校冰雪运动专业人才培养现状的比较与分析，得出以下经验与启示。

1. 设置独立冰雪运动专业

冰雪教育是一门相对新型的专业教育方向。截至2017年底国家本科专业目录尚无明确此专业设置，国内高校冰雪人才教育普遍采取的方式是在某一专业下设置冰雪运动方向，并注意将冰雪运动本身特点凸显出来，遵照特色专业建设思路实施冰雪人才培养活动，以满足我国冬季运动发展人才需求。随着我国冬季运动的飞速发展，必然会将本科冰雪专业纳入国家专业目录，这一专业设置凸显了社会发展的要求，与我国当前加快冬季运动体育发展大趋势协同一致，这是体育院校发挥资源优势、保持与社会发展相适应的必然选择。

2. 培养目标

专业教育首先确定人才培养目标，这是“航标”，也是教育要实现的终极目标，既而根据培养目标细化培养要求，确定课程体系，搭配好教学内容、内容结构与比例以及课程教学方法，这是“航路”，也是教育路径与策略。东北三所体育院校都科学定位了培养目标：知识与能力并重的培养理念贯穿教学过程，突出掌握冰雪运动体育基本理论、知识和技能，实现“宽口径、实基础、强技能、多出路”的多能、复合型人才类型，强化培养冬奥项目类人才、冰雪产业开发管理类人才、冰雪运动服务类人才。[①]

---

① 季红.冰雪体育创新人才培养模式研究[D].哈尔滨体育学院，2011.

以上所确立的培养目标突出专业优势和冰雪人才特色，区别于普通高校交叉专业的专门人才培养目标，与体育学其他专业的专门人才培养目标也存有差异。各院校必须结合本校实际情况与办学优势，在专业方向、目标定位、规格要求、课程设置、教学内容、实践环节等方面将冰雪专业特色凸显出来。

3. 培养规格

人才培养目标是确立专业人才培养规格的基础与前提。在确立培养规格时，既要考虑内外人才需求所具有的共性特征，又要使其具有独属于冰雪专业人才的个性与特质要求。以此为前提，可以从三个方面确立冰雪人才的培养规格，即素质、知识和能力。

（1）素质结构

素质结构主要是规定创新创业型冰雪体育人才应该具备的思想素质和文化素质。

（2）知识结构

知识结构主要是规定创新创业型冰雪体育人才应该具备的工具性知识、人文社会科学知识。

（3）能力结构

能力结构主要是规定创新创业型冰雪体育人才应该具备的获取知识的能力和应用知识的能力。

4. 课程体系

冰雪体育人才培养的关键在于科学、合理地构建课程体系，确保让学生获得系统、规范的精品级的教育，就这要求必须以冰雪人才培养目标和培养规格为依据来设置课程、教学内容与方法。在具体的构建过程中要注意拓宽课程设置，注重知识结构、宽度，强化人文素质和创新创业能力培养，力求所构建的课程体系有利于人才培养质量的提高以及培养目标的实现。表8-2

汇总了开设冰雪运动专业的人才培养方案课程体系结构。

表 8-2 冰雪体育人才培养的课程体系结构表[①]

课程类型		教学内容
必修课	公共必修课	思想道德、马克思主义基本原理、毛泽东思想概论、邓小平理论与“三个代表”等重要思想、法律基础、计算机基础、大学英语等
	专业必修课	专业理论课：运动生理学、运动解剖学、运动训练学、运动心理学、运动医学、教育学、体育学概论、冰雪运动等
选修课	专业选修课	专业方向课：滑冰、滑雪、冰球、冰壶等课程 雪地足球、冰球等本专业范围内未能列入必修课程且与全民健身密切相关的冰雪运动课程
	公共选修课	学生以自己的特点或兴趣为依据而对选修的课程进行确定

5. 实践环节

(1) 教学实践

实践教学是本科专业人才方案中重要的教学内容，是检验学生基础知识、专业技能与综合能力水平的重要教学环节。在教学过程中，应适当增加实践教学课，依据课程特性、教学特点和具体教学内容设计多元化的教学组织形式，注重创新创业能力渗透专业实践教学内容的教学手段，最大限度地学习专业技能的同时让学生得到有针对性的能力素质熏陶。

(2) 社会实践、教育实践

社会与教育实践环节是学生将所学知识运用到实践中的主要环节，开展这一环节的主要教学形式是实习。具体分两种形式，即集体实习和分散实习。教学过程强化学以致用，每个学年要安排有针对性的技能实习和岗位实践实习环节，促进学生专业知识与技能转化为实践能力、岗位技能和创新创

① 季红. 冰雪体育创新人才培养模式研究[D]. 哈尔滨体育学院，2011.

业能力。

(3) 毕业论文

毕业论文是重要的实践教学环节，其目的是检验学生能否有效地运用所学知识分析与解决实际问题的能力。这一实践环节必须给予足够的重视，不能流于形式，要求学生的毕业论文的选题需来源于对实践的思考与调查，从中选取问题进行研究、分析，此过程主要培养学生的科学思维方式、创新思维意识、文字书写能力和科研方法运用能力等。一般在第七个学期安排毕业论文选题和开题，第八个学期安排论文的修改、定稿和答辩。

(三) 冰雪运动专业建设与创新创业型冰雪人才培养模式的探索

为推动国家冰雪运动发展战略的实施，促进冬季运动和冰雪产业的发展，保障北京—张家口 2022 年第 24 届冬奥会人才需求，必须加快冰雪人才培养进程，特别要培养一批高素质的创新创业型冰雪运动人才，这不仅是必须完成的教育责任，更是促进冰雪产业发展、提升京津冀体育产业优化升级的重要支撑。遵循京津冀协同发展建设战略，本书研究设计了冰雪运动专业建设规划，为高校实施冰雪人才专业教育提供思路与帮助。

1. 冰雪运动专业建设现状分析

(1) 冰雪专业教育初显成效

冰雪专业教育获得足够重视。随着我国冬季运动的不断推进与发展，冰雪人才教育也得以不断深入开展，一些院校明确提出了冰雪人才特色的建设目标，确立了冰雪人才培养与其他相关专业协进互动的建设思路，广泛调动学院现有教学、科研、人力与专业资源，开办冰雪专业方向，诸如运动训练专业冰雪运动方向、休闲体育专业冰雪休闲方向、社会体育指导与管理专业冰雪运营管理方向、运动康复专业冰雪保健方向、体育教育专业冰雪教育方向、物业管理专业冰雪场地维护管理方向、体育经济管理专业冰雪产业经济管理方向、外语专业冰雪英语方向等，着重培养冰雪运动竞技人才、冰雪赛事运营管理人才、冰雪场馆运营管理人才、冰雪产业开发人才、造雪压雪与场地维护技师型人才和冰雪翻译等服务类人才。

冰雪人才培养模式呈现多元化趋势，依托省内地方院校办学资源与地方院校专业优势，加强联合，构建冰雪人才教育模式，诸如河北体育学院与张家口职教中心联合实施了中职贯通本科教育的“3＋4”冰雪人才培养体系，与崇礼职教中心建立了“3＋2”中专衔接大专的冰雪教育模式等形式的冰雪运动方向人才培养。同时，积极引进国外优质冰雪教学资源，积极构建冰雪人才联合培养机制，与世界冰雪运动强国美国、加拿大、新西兰、芬兰、德国、斯洛文尼亚、日本等国家的冰雪运动学校、高等院校、科研机构建立协作关系，选派老师和学生接受专业培训，或赴国外联合开办的院校进修学习，大力吸引高水平教练与冰雪产业从业人员赴国内工作。此外，鼓励、支持师生考取冰雪职业资格证书、裁判等级证书，参加冰雪运动培训与研讨会，举办冰雪创新创业大赛，承担冰雪赛事裁判与服务工作。

冰雪实践教学基地覆盖京津冀冰雪场。目前冰雪场馆建设进入高速发展期，仅张家口崇礼区的大型雪场就已达到七家之多，这为开展冰雪实践教学提供了良好的资源保障。冰雪运动需要从业者具有良好的冰雪技能，专业教学必须强化理论与实践相结合的专业建设思路，这对培养高素质冰雪人才，尤其是培养创新创业型冰雪人才尤为重要。

合理的专业规划布局，健全的教学组织机构，协进互动的冰雪人才培养规划，丰富的冰雪实践教学资源基地，统筹调配下的集中学习培训，为高校全面实施冰雪专业建设、进一步深化培养冰雪专业类人才、提升优化冰雪创新创业服务类人才奠定了良好基础。

(2) 冰雪教育亟待解决的问题

① 人才培养方向分散，有待调整与整合。目前一些院校确立的冰雪专业人才培养方向处于相互隔离状态，不利于统筹管理，不利于集中优势资源进行重点突破，对学科专业建设发展形成一定的制约。

② 冰雪师资数量短缺，这将是制约与影响高校冰雪专业建设的瓶颈。虽

然通过学习与培训，缓解了师资短缺现象，但缺口依然很大，而且现有冰雪师资大多数都是“半路出家”，缺乏厚实的冰雪运动背景、丰富的冰雪教学经验，未来冰雪运动专业梯队建设、冰雪教学科研团队建设和高水平冰雪师资选拔与培养工作任重而道远。

③ 冰雪专业教学基础设施亟待完善，此项工作将面临相当大的难度和诸多问题。我国冰雪运动主要集中在东北地区，京津冀地区虽然建设了一些冰雪场，但数量与规模并不能完全满足冰雪教学、训练与科研需求，高校与冰雪企业建立的教学实践基地，由于市场运营、路途远近等问题，在最大限度的使用上也将面临困难。此外，由于冰雪运动专业是一个新兴专业，冰雪运动专业实验室、冰雪运动教学设备器材、冰雪运动教学训练场地、冰雪运动教材等软硬件建设尚需要大量资金与人力的投入。

2. 冰雪运动专业办学思路分析

(1) 指导思想

坚持以国家冰雪运动发展和冬奥会举办人才需求为导向，遵循“服务奥运，兼顾发展；立足自己，内外结合；分类培养，同步推进”的指导思想，以人才培养、技能培训、岗位实训为重点，全方位做好冰雪人才培养、培训规划和冰雪产业服务实训，针对不同岗位的冰雪人才需求，有计划、分层次培养，为冬奥会以及区域冰雪运动产业可持续发展提供人才保障。

(2) 建设目标

① 总体目标

整合冰雪人才方向专业设置，优化相关专业协同互进的学科专业结构，深化合作办学模式，逐步建立“强冰雪基础、重岗位实践、突综合素质”的冰雪运动专业人才培养体系，使之成为品牌特色专业；以学科梯队和教学团队建设为重点，引进和培养一支结构合理的冰雪师资队伍；加强冰雪实验室建设，建立冰雪智能化教学实训中心，研发、设计服务冰雪运动的语言学习软件；加强冰雪实训教学基地建设，立足河北，覆盖国内，建设一批冰雪教学训练基地；以培养综合素质高、创新创业能力强的应用型冰雪人才为目标，加强科学研究，凝练科研方向，打造一批具有较高水平的科研成果；深化教育教学改革，优化完善教学内容，改进教学方法，全面提升冰雪人才培养质量。

② 具体建设目标

A. 学生规模建设目标

冰雪教育要紧紧依托各大院校专业资源优势及当地体育训练中心，科学制定短期与长期人才培养规划，实行冰雪人才分类培养，同时还要控制好招生规模，既要重视当前人才缺口，又要着眼后奥运冬季运动发展趋势。只有这样，才能够最大限度地避免毕业生“供大于求”的现象，避免造成毕业生就业难、难就业的尴尬局面。

B. 人才类型与培养目标

a. 冰雪运动竞技人才：主要包括运动员、教练员、裁判员以及科研服务团队，他们是我国冬奥会奖牌计划的主体。采用系统学习与在岗培训，提高训练与理论水平，使其具有较高的训练能力、裁判执法技能和科研水平。2022 年之前，培养能够在国内大型冰雪赛事中获取奖牌的少数运动员，同时具有一定的冲击冬奥会参赛资格的竞技水平；培养专职教练员，能够胜任冰雪项目专业训练；培养裁判员，能够担任国内外冰雪赛事执裁工作；培养科研人员，组建若干个冰雪科研团队，承担省内外冰雪训练队的服务和科技攻关工作。

b. 冰雪运动管理人才：包括冰雪赛事管理人才、冰雪场馆运营管理人才和冰雪产业(包括冰雪体育新闻、工商管理、酒店管理等)管理人才。主要通过体育经济管理等相关专业方向进行培养，使学生熟悉比赛流程，掌握管理知识，具有管理能力，能够承担冰雪场、冰雪赛事的运营与管理工作。

c. 冰雪产业开发人才：包括市场营销、冰雪旅游与冰雪设计，这是促进冰雪经济的主力军。主要通过冰雪市场营销以及竞技类专业方向和合作办学进行培养，了解冰雪产业进程，掌握产业开发知识，具有营销技能与实践工作经验，能够承担冬奥会与冰雪运动产业相关工作。

d. 冰雪技能型人才：包括造雪、压雪、制冰师以及压雪机、造雪机、滑雪索道、冷冻机等冰雪场地设备的机械操作人员；包括冰雪场地排供水系统、通讯监控系统、人工冷冻系统、大屏幕显示设备等冰雪器材维修员、电器设备维修员等。

e. 冰雪服务人才：包括冰雪赛事、冰雪场馆的外语翻译、新闻传播、咨询接待、导游员和专职医务救护人员。主要通过英语专业、运动康复专业、管理类专业方向和院校间优势专业合作办学进行培养。随着冬季运动的快速发展和冰雪产业及冬季赛事的频繁举办，各类服务人员需求量很大，应着重加强这方面的培养工作，形成规模，体现层次，注重素质。

作为服务人员应具备的能力素质是全面的，外语口语交流能力更是必不可少的基本素质。加强冰雪外语教学，让更多的冰雪服务人才熟练掌握一门外语，是提高服务工作质量的关键。就我国冰雪运动而言，需要与国外冰雪运动发达国家合作，冬奥运也将接待数量巨大的运动员、工作人员、记者和旅游者，需要各类服务人员不仅具有良好的英语基础，更要掌握冰雪英语的常识知识与专业术语。但目前来说，存在着"懂体育，外语不好；外语好，体育不懂"的问题，培养、输送外语人才，承担体育赛事、体育科技与文化交流、体育产业相关领域的一般管理、服务岗位还可以实现，但是真正涉及体育赛事临场翻译、规程翻译、专业对接服务等岗位工作，往往因为对体育专业术语、赛事流程知识与规则、裁判法的不了解，会出现工作上的力不从心。为此，必须采取措施加强冰雪外语教学，在教学全过程渗透冰雪外语知识的传授与实践训练。以普及并提高服务人员英语口语交流能力为例，可以采取以下应对措施。

其一，优化大学英语教学内容，在听、说、读、写、译教学中渗透冰雪英语元素，侧重提高口语交流能力。

其二，加大对现有英语师资的培养，普遍提高冰雪英语教学能力，有条件的院校可引进具有冰雪教育经验的外教。

其三，加强冰雪英语语料库建设，编写冰雪专业英语与服务口语实训教材，加大冰雪英语教学与实践训练。

其四，研发冰雪英语网络课程与语言服务系统及智能 APP，为冬奥会志愿者培训以及冬奥会提供便捷、实时、全方位的语言服务。

f. 冰雪教师人才：包括冰雪教学师资和冰雪场教练员、导滑员等，这类人员需要具备一定的冰雪专业技能，同时需要具有教学能力及相关知识。主要通过体育教育专业以及院校间合作办学进行培养，从目前冰雪运动发展势头来看，未来几年冰雪师资需求量非常大，力争满足京津冀区域各级各类院校冰雪教学师资和省内冰雪场训练教人员需求，这也是冰雪人才培养的另一主要方向。

3. 冰雪运动专业建设的主要措施分析

(1) 调整专业设置与布局，优化学科专业体系

① 调整学科专业布局。依据冰雪人才培养类型，可以依托院校不同专业的优势设置不同的冰雪人才培养方向，形成体育类、教育类、管理类、语言类等多学科协调发展的专业群。这种相近专业协同联动的冰雪人才教育体系，在专业方向、教育内容和课程设置及实践环节上突出冰雪人才培养特色，在资源运用上，便于调动各自专业教学资源，有利于教学安排，但同时也存在着力量分散、各自为战的问题，不利于集中优势资源进行重点培养与特色打造。调整专业布局模式，让学生集中归属一个教学单位，按冰雪人才类型需求，建立不同冰雪人才培养方向。这种学生集中管理、教学统筹规划、课程授课全院统一安排的设置，能够最大限度地集中教学资源，打造人才培养特色。

② 科学定位人才培养目标。即以冰雪产业发展、社会人才需求为导向，知识、技能与素质并重，掌握冬季运动基础理论、冰雪运动基本技能和相关学科知识，具有较强的实践能力，能够在冰雪运动教育、竞赛、产业等领域从事教学、训练、管理、开发、服务的应用型冰雪人才。

③ 建立人才培养模式。基于京津冀地理位置、环境气候等自然条件，采取错季教学的冰雪专业人才培养模式比较好。所谓错季教学，就是一学年分

为夏季教学与冬季教学，科学制定好不同季节的教学计划，合理安排好教学课程，获取高质量教学效果。以四年本科教育为例，实施这种教学模式时既要考虑冬季阶段专业技术实践教学，也要让学生有充足的理论文化课知识的学习时间，结合实际情况，可以采取第一学年校内系统学习理论知识，第二、三学年“错季教学”模式；夏季阶段侧重开设学期教学计划中的理论课教学，冬季阶段利用学生赴冰雪场实践期间侧重开设技术技能课程；第四学年完成实习、毕业论文（设计）及做好毕业材料准备等工作。

（2）稳步推进教学建设，提升学科专业水平

① 加强专业师资队伍建设

采取“培训、引进、提高”的形式，打造一支年龄结构、职称结构、学科背景相对合理、具有发展潜力的专业教师队伍。培训就是对现有冰雪师资进行理论与技能培训，同时加强其他学科教师的转岗冰雪教学工作技能培训；引进就是采取招录和聘任兼职的形式，结合现有师资状况与教学需求，招录较高学历且有较强冰雪运动技能的应往届毕业生，对急需和特殊人才可以放宽到本科学历，聘任具有较高竞技运动水准的冰雪教练员，或实际所需的工程类、管理类课程的兼职教师；提高就是选派教师到国内外相关院校接受短期与长期培训学习与交流。总之，要实现人才培养目标，其关键是拥有一支职业素养高、业务能力强的专业教师队伍，加强师资队伍建设要常抓不懈，还要有科学合理的建设规划目标。此外，还要积极打造学科梯队，组建较高水平的教学科研团队，实现以科研促管理、以科研促教学。

② 加强教学实训基地建设

一是校内冰雪实践中心建设。根据学科专业建设发展需要以及冰雪人才特色培养要求，以高标准冰雪实践实训中心为建设目标，推动建设冰雪教学理论与方法实验室、冰雪运动技能与分析实验室、冰雪运动服务语言实训室等，条件成熟情况下，打造凸显国际化标准的冰雪文化教育产业园。

二是校外冰雪实践教学基地建设。坚持互惠互利、共同发展原则，构建院企合作、协同育人机制，双方探讨制定培养计划，推进订单式培养模式，协

商确定好教学场地使用、指导教师选派、管理人员配置、实训岗位设定、管理制度、师生待遇、安全措施等方面事宜。同时，与国外冰雪强国建立交流机制，选派师生进行互访学习与交流。

③ 加强课程与教材建设

积极开展课程资源的开发与建设，打造一批冰雪运动优质课程，优化完善教学内容，加快冰雪类教材建设，鼓励教师结合冰雪产业发展、冰雪赛事人才需求，编写冰雪运动创新创业、冰雪运动专业英语、冰雪产业服务口语与冰雪运动外文文献翻译等参考书，使之成为辅助冰雪人才培养的教材、培训书籍和教学辅助材料。

④ 加强教学改革与数字化教学建设

加强科学研究，推进建立以科研促进学科专业建设的发展思路。优化教学过程，改进教学方式，建立注重学生能力素质培养的教学手段与方法。优化教学内容，规范毕业设计(论文)、实践教学管理体系，构建以专业能力培养为主线、课内外相结合的教育教学模式，加强学生自主实验、实训教学设计，组织开展大学生实践训练，组织学生参加创业计划竞赛与学科专业竞赛，力争在各类学科专业竞赛中取得佳绩，力争在省内外各级各类冰雪赛事中取得优异成绩。

加强冰雪数字化教学资源平台建设，从冰雪运动网络课程、冰雪英语语料库、冰雪专业英语网络课程、冰雪赛事服务语言与智能 APP 设计等方面入手，打造基于网络课堂、现代技术手段视域下的冰雪运动教学资源库，将职业教育、就业教育、创新教育、创业教育渗透到大学四年的专业技术教学全过程，提升应用型人才的市场竞争力。

(3) 加强对外合作办学，拓宽学科专业发展路径

依托京津冀体育相关院校的专业优势与资源条件，深化联合办学模式，打造冰雪人才分类培养与培训的教学体系，拓宽冰雪运动相关领域的人才供应渠道。完善院校间的合作渠道与方式，建立资源共享机制，最大限度地共享不同院校的教学资源与实习实训资源，实现京津冀协同创新人才培养模

式。同时,加强与国内外院校的合作交流机制,形成自办专业与联合研究生培养的良好格局。

(4) 加强职业技能鉴定与培训工作,提升学科专业社会影响力

保证在本科办学档次的前提下,积极利用专业优势与联合办学院校的专业优势,大力发展技能鉴定与对外短期培训,坚持"走出去、请进来"的培训方式,深入冰雪企事业单位进行员工培训,与相关机构联系,承担社会培训任务,有条件的院校力争获得奥运会服务人员的培训工作。加大师生专业技能鉴定工作,侧重选派师生参加冰雪裁判等级培训考核工作,获取国家、国际级裁判员等级证书,鼓励学生考取导游证、冰雪类社会指导员相关证书。

4. 冰雪运动专业建设保障措施分析

(1) 制定好冰雪运动专业人才培养方案

观念影响认识,认识指导行动,行动铸造结果。科学定位好冰雪专业建设思路与教育目标是确保人才培养质量的前提,并在此理念引导下做好人才培养方案顶层设计,执行目标管理、统筹协调和过程跟踪与督导的质量监控体系,确保最终预期教育效果。人才培养方案的设计需要科学规划与论证,也需要实践检验其可行性和有效性,但特色人才教育的实现的前提是构建好人才培养方案。

(2) 构建好冰雪运动专业人才培养模式

人才培养是专业建设的核心任务,专业人才特色需要一个切实可行、切合实际条件的培养模式。就目前京津冀区域气候特性与冰雪教学资源条件而言,确定一个什么样的人才培养模式,是一个需要深思熟虑的关键问题。实施"年度分段,错季教学"培养模式,能够最大限度地有效开展冰雪运动教学,完成既定的教学计划,也能够落实好理论与实践的衔接,让学生有充足的时间在冬季阶段进行专业实践教学与岗位体验。学校与冰雪场建立合作体系,可确保学生从入学到毕业的过程中有较长的时间段在冰雪场生活与学习,不仅节省大量的财力和物力,还能够保障学习和训练效果,提高人才质量。

(3) 打造好冰雪师资队伍

建立冰雪专业教师队伍,优化师资队伍结构,推动学科专业建设,这是落实好专业建设与课程教学计划的根本保障。通过制定、出台鼓励政策与开展相关活动,加强师资队伍建设工作,推动教学研究工作,开展教研活动,建立以学科带头人、专业带头人统领下的专业建设团队,全面推进学科专业建设。

(4) 以冰雪课程资源建设推动专业建设发展

全面提高专业办学水平,核心是提高课程体系建设的水平。将课程建设作为带动专业建设的龙头,夯实课程建设基础。课程体系和课程内容、内容结构与比例的科学制定,能够确保学生获取知识与技能以及得到能力素质的熏陶与教育,同时也可以促进教学资源的整合,推动教材建设,培养学科带头人,凝练教学团队,以课程建设的成果运用助推专业建设和教学质量的提高。

(5) 深化以科学化管理提高办学效益的教育思想

完善、优化层级管理制度,确保管理重心下移,责权成为目标任务的推动力,明确系部专业建设、教学管理、课程建设、师资队伍建设、实践教学、教材与改革研究工作方面的职能,建立、健全相应奖惩制度,提高管理效率和效能,调动全体教职员工的积极性和创造性。

(6) 加大经费投入,确保项目的顺利实施

专业建立与发展需要大量的资金支持。专业建设的经费投入包括实习实训基地、实验室等基础设施建设的投入,同时也包括课程建设、教材建设、师资队伍建设、实践教学建设的投入,以及用于支持与专业建设相关的教改研究工作等。就学校而言,在确保专业均衡发展的前提下,加大冰雪专业建设的资金投入,以便为冰雪人才培养提供更好的资源条件保障,更快地开展相关工作。

参考文献

[1] 李国平，陈红霞. 协调发展与区域治理：京津冀地区的实践[M]. 北京：北京大学出版社，2012.

[2] 纪良纲，许永兵. 京津冀协同发展：现实与路径[M]. 北京：人民出版社，2016.

[3] 宗文. 京津冀协同发展规划明晰　三省市明确功能定位[J]. 港口经济，2015(09)：17—18.

[4] 冯文. 京津冀体育产业合作发展研究[D]. 北京：首都体育学院，2012.

[5] 母爱英，李廷湘，卢燕. 津冀区域产业协作创新机制研究[J]. 河北学刊，2008(01)：217—220.

[6] 梁妍. 产业集群视角下的总部经济[D]. 北京：中央民族大学，2010.

[7] 那威. 河北沿海城市发展研究——对比天津地区[J]. 中国投资，2013(S1).

[8] 宋克勤. 国外科技创新人才环境研究[J]. 中国科技奖励，2011(08)：217—220.

[9] 山峰. 自主创新是世界经济发展的动力[N]. 中国信息报，2006(08).

[10] 刘雪妮，蔡先海，任高飞. 西方国家技术创新政策借鉴学习[J]. 当代经理人，2006(21).

[11] 干武东. 欧洲发达国家创新型人才队伍建设的经验[J]. 今日浙江，2007(05)：50—51.

[12] 陈听雨. 工业 4.0：德国国家战略欧洲复兴法宝[N]. 中国证券报，2014(12).

[13] 陈盛荣. 创新人才学概论[M]. 广州：中山大学出版社，2015.

[14] 奚国泉. 创业人才培养研究[M]. 北京：清华大学出版社，2013.

[15] 唐炎，朱维娜. 体育人才学[M]. 重庆：西南师范大学出版社，2006.

[16] 孙德林. 创新创业多样化人才培养模式研究[M]. 北京：科学出版社，2014.

[17] 钟秉枢. 体育人才培养目标与社会需求的对接与适应[J]. 哈尔滨体育学院学报，2012(08)：1—4.

[18] 田建国. 关于创建特色名校若干问题思考[J]. 山东经济战略研究，2013(06)：6—11.

[19] 刘道玉. 论大学教师队伍的建设[J]. 武汉科技大学学报(社会科学版)，2014(02)：117—122.

[20] 齐文勃. 我国高校创业教育现状分析及对策研究[D]. 大连：大连理工大学，2008.
[21] 李娅娌. 美国高校创业教育研究——以斯坦福大学商学院创业教育实践为例[D]. 北京：首都师范大学，2008.
[22] 刘利萍. 提升大学生创业胜任力的路径研究[D]. 南京：南京财经大学，2012.
[23] 阚婧. 我国高校创新创业教育的实践探索[D]. 大连：大连理工大学，2011.
[24] 董晓红. 高校创业教育理论模式与质量评价研究[D]. 天津：天津大学，2009.
[25] 黄国清，滕平，杨同华. 美国高校创业教育的经验及对我国的启示[J]. 河北能源职业技术学院学报，2010(04)：1—3.
[26] 沈静雯. 大学生创业素质教育的实践与对策研究[D]. 扬州：扬州大学，2014.
[27] 佟擘. 我国高校大学生创业教育现状分析及对策研究[D]. 北京：中国地质大学，2009.
[28] 李楚英，王满四. 美国大学创业教育模式及与中国比较[J]. 高等农业教育，2010(02)：1—3.
[29] 冯士博. 浅谈体育人才的类型与结构[J]. 体育科技文献通报，2007(02)：1—3.
[30] 刘宝存. 什么是创新人才　如何培养创新人才?. [N]. 中国教育报，2006(10).
[31] 张兰. 校企协同创新创业人才培养体系的研究[D]. 哈尔滨：哈尔滨理工大学，2014.
[32] 王茜，杨凤祥，张骏. 应用科技大学创新创业人才培养现状研究[J]. 江苏科技信息，2015(22)：103—104 转 109.
[33] 王红艳. 浅谈体育教师职业特征及条件[J]. 华章，2013(05)：192 转 357.
[34] 张献忠. 论体育教师的知识、能力和素质[J]. 科技咨询导报，2007(27)：248—249.
[35] 周静，刘振忠，姜风艳. 基于创新创业教育的体育专业实践教学模式改革与创新研究[J]. 河北体育学院学报，2014(3).
[36] 雷家骕. 国内外创新创业教育发展分析[J]. 中国青年科技，2007(2).
[37] 刘振忠，周静. 高等体育院校创新创业教育现状及其实践体系的构建[J]. 当代体育科技，2012，2(21).
[38] 林晓光，刘振忠. 体育院校创新创业教育课程内容与学习模型设计[J]. 山东体育学院学报，2013，29(4).
[39] 刘振忠，孙立明，炼海斌. 高等体育院校学生创业认知取向的调查与分析[J]. 广州体育学院学报，2010，30(4).
[40] 李继东，刘振忠，周静. 体育大学生自主创业社会适应性的调查与分析[J]. 山东体育学院学报，2011，27(8).
[41] 刘振忠，周嫒，张功. 高等体育院校创新创业教育行为评价体系的研究[J]. 南京体育学院学报(社会科学版)，2009，23(2).
[42] 管义锋，高晖. 高等院校推进创新创业教育的现状与对策[J]. 江苏开放大学学报，2011(6).
[43] 王洪彪，冯琰，赵洪朋. 体育院校创新创业教育的现状与思考[J]. 辽宁体育科技，2013，35(6).

[44] 杜春华，张大业. 论冰雪强省战略下的专业人才培养[C]. 第十一届全国冬季运动会科学大会论文集，2008.

[45] 季红. 冰雪体育创新人才培养模式研究[D]. 哈尔滨体育学院，2011.

[46] 王紫娟. 我国冬季体育运动发展现状研究[J]. 冰雪运动，2015(01)：33—40.

[47] 闫磊磊，岳美平. 加快人才培养促进河北省冰雪体育产业发展的研究[J]. 中国商论，2016(21)：141—142.

[48] 姜龙江，张卫新，姜馨. 我国冰雪运动后备人才培养模式的研究[J]. 冰雪运动，2013(01)：79—83.

[49] 刘丽朋，刘巍. 我国冬季竞技体育后备人才资源可持续发展的对策[J]. 冰雪运动，2007(06)：48—51.

[50] 张凤珍. 我国竞技体育后备人才培养体制的现状分析及对策[J]. 体育与科学，2008(02)：69—71.

[51] David B. Kienosky, Thoms J. Templin, and Josh A. Troutman. A means-End Investigation of School-Choice Decision Making [J]. *Sports Management*, Volume 15, Number 2, April 2011.

[52] Cinthia, K. B.. Predicting individual team member performance: The role of team competency cognitice ability and presonality [D]. Saint Mary University, 2003.

[53] Boyatzis R. E.. Rendering into competence the things that are competent [J]. *American Psychologist*, 1994, 49: 64 - 66.

[54] Krystyna Buchta, Tomasz Lisicko. Undergraduate studies in physical education [J]. *Sport Tourism*, 2011, (18): 146 - 159.

[55] Doyeon Won, Gonzalo A. Bravo. Course design in sport management education: Addressing student's perspectives through conjoint methodology [J]. *Journal of Hospitality, Leisure, Sport and Tourism*, 2010(2): 83 - 96.

图书在版编目(CIP)数据

京津冀协同创新创业型体育人才培养研究/刘振忠著.—上海：复旦大学出版社,2020.1
ISBN 978-7-309-13696-8

Ⅰ.①京… Ⅱ.①刘… Ⅲ.①体育-人才培养-研究-华北地区 Ⅳ.①G812.722

中国版本图书馆 CIP 数据核字(2018)第 101931 号

京津冀协同创新创业型体育人才培养研究
刘振忠 著
责任编辑/关春巧

复旦大学出版社有限公司出版发行
上海市国权路 579 号 邮编：200433
网址：fupnet@fudanpress.com http://www.fudanpress.com
门市零售：86-21-65642857 团体订购：86-21-65118853
外埠邮购：86-21-65109143
上海四维数字图文有限公司

开本 787×960 1/16 印张 13.5 字数 183 千
2020 年 1 月第 1 版第 1 次印刷

ISBN 978-7-309-13696-8/G · 1850
定价：45.00 元